피플 비즈니스 100일 플랜

# 피플 비즈니스 100일 플랜

윌 버트로즈 지음

김상미 역

아름다운 사회

# 피플 비즈니스 100일 플랜

1판 1쇄 인쇄/2001년 04월 26일
1판 2쇄 발행/2002년 02월 10일

지은이/윌 버트로즈
옮긴이/김상미
발행인/박창조
발행처/**아름다운사회**

등록일자/1995년 7월 19일
등록번호/제5-180호

경기도 하남시 감북동 344-10(우465-180)
대표전화/(02)488-4638  팩시밀리/(02)488-4639
홈페이지/http://www.bizbooks.co.kr
E-mail/scj200@naver.com

Korean Translation Copyright ⓒ 2001 by Beautiful Society Publishing Co.
Printed & Manufactured in Seoul, Korea.

ISBN 89-952052-7-×(04320)

값 5,500원

※ 잘못된 책은 교환해 드립니다.

# 서문

처음부터 성공자로 태어나는 사람은 없습니다. 그야말로 이 악물고 열심히 노력하여 성공자가 만들어지는 것입니다. 그리고 성공자의 모습은 아름답고 존경스럽습니다. 사실, 부럽다는 표현이 더 어울리겠죠.

그래서 많은 사람들이 성공자의 반열에 올라서기 위해 오늘도 열심히 노력하고 있는 것입니다. 당신 역시 마찬가지일 것입니다. 하지만 무수히 쏟아지고 있는 정보와 기술 그리고 요령 속에서도 유난히 '신참'에게 필요한 것은 부족하다는 생각이 듭니다.

어떻게든 해보려고 뛰어들긴 했지만 정말로 막연한데, 이미 높이 올라선 사람들은 너무 높아 보이고 나와는 거리가 있어 보이기만 합니다. 그리고 나보다 조금 위에 있는 사람은 그다지 충실한 내용을 전달해 주지 못하고 있습니다. 게다가 나와 별로 차이가 없는 것 같습니다.

그래서 방황을 합니다. 운 좋게도 사람을 잘 만나면 제대로 된 길로 쭉쭉 뻗어나갈 수 있지만, 그렇지 못하면 좌절하게 됩니다.

하지만 타인에 의해 자신의 소중한 인생이 휘둘리도록 내버려 둘 수야 없는 것 아닙니까? 어떻게든 방법을 찾아야죠. 실제로 도전했다가 실패하는 것은 50%의 실패이지만 아예 도전하지 않는 것은 100% 실패한 것과 같습니다. 그리고 실패하지 않았다는 것은 처음부터 노력하지 않았다는 증거가 됩니다.

엘리후 루트는 이렇게 말했습니다.

"사람들은 실패하지 않는다. 다만 그들은 시도하기를 포기할 뿐이다."

당신은 이미 성공으로 가는 길로 들어섰습니다. 즉, 시도한 것입니다. 그러므로 당신에게 실패란 없습니다. 이제는 가시밭길, 진창길에 정면으로 맞서 당당하게 걸어나가는 일만 남았습니다. 하지만 뭔가가 그리고 누군가가 당신 곁에서 조금의 힘이라도 되어 준다면 커다란 보탬이 되겠죠. 이 책을 당신의 지팡이로 삼으십시오. 분명히 힘을 줄 것입니다.

# 차례

# 제1장
# 당신은 이미 변했다

　당신은 이미 변했습니다. 그 변화가 느껴지십니까? 만약 당신이 아직까지 변화를 느끼지 못한다면 당신은 모든 것이 혼란스럽게 느껴질 것입니다. 그러나 변화를 수용하게 되면 아니 그것을 인정하게 되면 당신은 스스로 중심을 잡을 수 있습니다. 그러니 변화를 받아들이십시오.

　변화는 흐름입니다. 당신이 변하지 않겠다고 발버둥친다고 그냥 있을 수 있는 것이 아닙니다. 이제 이 세상에 존재하는 모든 사람들은 '변화가 되든지 아니면 변화를 하든지' 둘 중에 하나를 선택할 수밖에 없습니다.

　이왕이면 능동적으로 변화를 받아들여 변화하는 것이 좋을 것입니다. 생각해 보십시오. 우리나라가 왜 IMF를 겪고 있습니까? 그것은 한 마디로 말해 변화를 거부했기 때문입니다. 세계적인 흐름을 거부한 대가로 우리는 얼마나 치명적이고 한스러운 세월을 살아가고 있습니까?

변화는 빨리 받아들이는 것이 바람직합니다. 주위를 둘러보십시오. 우리 주위는 하루 하루가 급격하게 변하고 있습니다.

시장의 주체가 생산자 중심이던 시절에는 변화가 점진적·지역적으로 이루어졌고 정보의 유통 역시 수직적이었습니다. 하지만 이제 시장은 소비자가 중심이 되어 있으며 변화가 급격하게 그리고 세계적으로 이루어지고 있고 정보는 수평적으로 유통되고 있습니다.

그야말로 가히 혁명적인 변화가 이루어지고 있는 것입니다. 생각해 보십시오. 미국의 델 컴퓨터사가 소비자들로부터 주문을 받아 생산 및 공급하는 컴퓨터의 종류는 1,600만 가지라고 합니다. 왜냐하면 고객의 요구사항에 그대로 맞춰 공급을 하기 때문입니다. 즉, 소비자는 자신의 입맛에 따라 '이렇게 만들어 주시오' 혹은 '저렇게 만들어 주시오'라고 주문을 하고 생산자는 철저하게 그 입맛에 맞춰 생산하고 배달해야 하는 시대인 것입니다.

이것은 과거에 일어났던 것처럼 그저 일상적인 변화가 아니라 디지털 변화입니다. 그리하여 정보의 공유가 활발하게 이루어지고 점점 투명하게 되어 지식과 정보의 독점

체제는 무너지고 있습니다. 즉, 전문가의 기득권이 무너지고 시민의 역량이 늘어나고 있는 것입니다. 이것은 곧 그 동안 힘없이 주어지는 대로 움직이던 평범한 사람들에게 기회가 왔음을 의미합니다.

그리고 그 변화는 한꺼번에 일어나고 있습니다. 즉, 현재와 미래가 한꺼번에 녹아 있는 것입니다. 그러므로 당신은 그러한 변화 속에서 사회의 줄기를 잡아야 합니다. 여기에서 그 흐름을 잡지 못하면 커다란 혼란만 얻게 될 것입니다.

물론 변화는 혼란을 수반합니다. 하지만 그 혼란 속을 들여다보면 그 원리가 매우 간단하다는 것을 알 수 있습니다. 과거에는 물질, 생명, 정신의 순서로 그 변화가 일어났지만, 정보화 사회가 되면서 물질의 변화가 빨라지는 바람에 균형이 맞지 않게 되어 혼란이 일어난 것입니다. 즉, 정신의 변화가 물질의 변화를 따라잡지 못하고 있는 것입니다. 그러므로 당신은 삶의 방식과 더불어 정신까지 확실하게 변화해야 합니다.

당신은 이미 변했습니다.

하지만 이제는 단순히 변했다는 것만으로는 의미가 없습니다. 가속도를 붙이십시오. 변화의 속도를 따라잡지 못하면 낙오자가 될 수밖에 없습니다.

19세기 말에 우리나라는 왜 식민지가 될 수밖에 없었나요? 그것은 바로 변화의 속도를 따라잡지 못했기 때문입니다. 물론 그 시절에도 개화파나 동학농민 등 변혁적인 세력들이 있었습니다. 하지만 그들은 역사 속에서나 남아 있을 뿐, 혁명적인 시도를 성공적으로 수행해내지 못했습니다. 그래서 우리는 나라를 잃었습니다.

마찬가지로 우리가 산업사회로 발전해 나가던 시절에 변화의 흐름에 재빨리 편승한 사람들은 오늘날 '재벌'이라는 이름 하에 떵떵거리고 있습니다. 하지만 그 시절에 변화의 흐름을 잡지 못한 우리네 평범한 부모님들은 오늘날 어떻게 살고 계십니까?

역사는 반복된다고 했던가요? 우리의 부모님들이 겪던 변화보다 더 크고 더 엄청난 변화가 우리 곁에 와 있습니다. 그리고 그 변화의 초점은 바로 '직거래'에 있습니다.

피터 드러커는 이렇게 말했습니다.

"앞으로 10년 안에 미국의 대학교수 50만 명 중에서 40만 명이 줄어들 것이다."

이것은 학생과 지식과의 직거래가 이루어질 것이기 때문에 지식의 유통을 담당하던 교수들이 설자리를 잃게 된다는 의미입니다.

이해가 됩니까? 하루 빨리 공감의 프로세스를 이루도

록 하십시오. 변화를 예측하고 명확하게 비전을 볼 수 있는 사람은 미래에 행복한 사람으로 남을 것입니다.

생각의 속도를 조절하십시오. 지금 당신에게 요구되는 것은 새로운 감각, 꿈, 비전, 열망, 추진능력 그리고 통합능력입니다.

앞으로는 '20C를 빛낸 100인'이라는 통계를 발표하기가 어려울 것입니다. 그 대신 '21C를 움직인 네트웍'이라는 말이 생겨날 것입니다. 이제 21C는 개인이 아니라 '조직'의 시대입니다. 그렇기 때문에 많은 사람들이 EQ(연대, 관계)를 강조하는 것입니다.

그리고 무엇보다 중요한 것은 당신이 그 어느 분야보다 전망이 확실하고 미래를 앞서 내다보는 일에 뛰어들었다는 점입니다.

실제로 미국 임금노동자의 32%는 재택근무자들입니다. 그리고 미국의 어느 잡지사에서는 2010년에 재택근무자들이 40%에 이를 것이라고 예측한 바 있습니다. 하지만 2001년 2월의 발표에 의하면 재택근무자들이 30%로 줄었다고 합니다.

이것은 무엇을 의미하는 것일까요? 그것은 사람들이 '하이테크와 하이터치'의 공존을 원한다는 것을 알 수 있게 해줍니다. 즉, 컴퓨터와 인터넷에만 의존하는 것이 아니라 직접적으로 사람의 따뜻한 인간미를 느끼고자 하는 것입니다.

그리고 당신은 이미 그런 일을 하고 있습니다. 네트웍 사업 속에서 당신은 첨단기술과 휴머니즘을 동시에 느끼고 있는 것입니다.

당신은 현명합니다.

앞을 내다보고 탁월한 선택을 한 것입니다. 즉, 당신은 변화를 선택한 것입니다. 곧장 나아가십시오. 속도를 늦추지 않고 미래의 명확한 비전을 내다보고 걷다 보면 뿌듯한 희열을 느끼게 될 것입니다.

## 제2장

# 꿈은 첫 걸음을 떼는 묘약

누구든 자신이 원하는 삶을 갖고 있습니다. 그것은 당신도 마찬가지입니다. 그리고 그것은 곧 자신이 원하는 삶을 살고 있는 사람이 많지 않다는 것을 의미합니다.

그렇나면 사람들은 왜 원하는 내로 살지 못하는 것일까요? 그것은 바로 '꿈'을 실현시키는 방법을 모르기 때문입니다.

당신 역시 얼마 전까지는 그랬습니다. 삶의 방향을 잡지 못하고 방황했을 지도 모릅니다. 하지만 이제는 방향을 잡았습니다. 이제 당신은 꿈을 갖게 되었습니다. 그리고 그 꿈을 향해 느리지만 꾸준히 나아갈 마음자세도 갖추었습니다.

물론 토머스 모어경의 말처럼 어떤 일이든 "첫 걸음 떼기가 가장 어려운 법"입니다. 즉, 시작이 가장 어려운 것입니다.

　당신은 무엇을 원합니까?
　성공? 행복? 사랑? 아니면 부입니까?
　당신의 꿈이 어떤 것이든 그것은 '생각'이라고 하는 씨앗으로부터 움트게 됩니다. 그러므로 당신의 꿈에게 이렇게 외치십시오.
　"나는 ○○을 원한다"
　이것은 당신이 꿈이라는 씨앗을 뿌리는 작업입니다. 그리고 노력이라는 거름을 주어가며 열심히 가꾸면 반드시 열매를 얻게 될 것입니다.

　꿈은 그것을 보는 사람의 마음 속에 있습니다. 그리고 꿈을 가진 사람들은 아름다운 비전을 소망으로 가질 수 있습니다. 그러므로 그 꿈을 소중히 간직해야 합니다. 아름다운 꿈을 귀하게 여기고 높은 이상을 품고 있는 사람은 언젠가 그 꿈이 실현되는 것을 볼 수 있을 것입니다.
　혹시 "나는 할 수 없다!"라는 말을 자주 사용하지는 않습니까? 아니 생각 속에서라도 간혹 그런 말을 떠올리지는 않습니까? 만약 지금까지 당신이 그 말을 생각하고 있거나 떠올렸다면 당신에게 다가온 수많은 기회와 도전들이 물거품이 되어 저 멀리 달아나 버렸을 것입니다.

이제 그 '할 수 없다'는 족쇄에서 벗어나십시오. 그러면 당신은 당신이 원하는 것을 얻게 될 것입니다. '할 수 있다'고 믿는 한 당신은 할 수 있습니다.


많은 사람들이 소중한 꿈을 갖고 있음에도 불구하고 자신의 꿈을 하찮게 생각하거나 가슴 속 깊이 묻어두는 이유는 무엇일까요?

그것은 두려움 때문입니다. 다른 사람들의 시선, 생각, 비판 등이 두려운 것입니다. 다른 사람이 당신의 인생을 대신 살아주는 것은 아닙니다. 어디까지나 '내 인생은 나의 것'입니다. 절대로 주변 사람들의 부정적인 말에 혼란을 느끼거나 의혹을 품지 마십시오. 스스로 확신을 갖지 못하는 사람은 바로 그러한 마음자세 때문에 실패하고 마는 것입니다. 명심하십시오. '실패'는 '실패'를 생각하고 있는 사람에게만 찾아옵니다.

주어진 기회를 움켜잡으십시오.

성공의 기회를 활용하십시오.

어떤 꿈을 갖고 있다면 확신에 찬 자세로 과감하게 행동하십시오. 그러면 기회의 문이 활짝 열릴 것입니다. 역사적으로 이름을 날리고 있는 사람들이 어떤 환경이었는지 아십니까?

프랭클린 D. 루스벨트, 윈스턴 처칠 경, 클라라 바턴, 헬렌 켈러, 마하트마 간디, 테레사 수녀, 알버트 슈바이처 박사, 마틴 루터 킹 목사 등 세계적인 위대한 지도자 300명중에서 25%는 심각한 심리적 장애를 지니고 있었으며 그들 중 50%는 유년시절에 학대를 받았거나 빈곤한 가정에서 성장했다고 합니다.

하지만 그들은 불우한 환경 하에서도 꿈을 갖고 열심히 노력하여 인류에 강한 영향력을 미친 세계적 인물로 성장하였습니다.

꿈을 가지십시오.

그것도 높은 꿈을 가지십시오.

당신의 꿈은 당신이 앞으로 어떻게 될 것인가를 예언해 주는 것과 같습니다.

우리의 인생에서 무엇보다 중요한 것은 당신에게 무슨 일이 일어났는가 하는 것보다 그 일에 대해 당신이 어떻게 대응하느냐 하는 것입니다.


생각해 보십시오.

꿈은 야망이 없으면 결코 나오지 않습니다. 세계적으로 위대한 업적을 남긴 라이트 형제, 베토벤, 헬렌켈러, 에디

슨…. 사실 그들이 이루어놓은 엄청난 업적도 처음 얼마 동안은 꿈에 지나지 않았습니다.

하지만 그들이 꿈이라는 씨앗을 뿌렸기에 그것이 묘목으로 자라났고 결국 커다란 나무로 성장하게 된 것입니다. 세상에 공짜는 없는 법입니다. 노력하지 않고 얻을 수 있는 것은 아무 것도 없습니다.

그러니 스스로를 습관, 평범함, 나태, 게으름이라는 것에 옭아매지 마십시오. 그리고 당신이 무엇을 하고 있는지 확실히 보십시오. 당신의 일에 애착을 갖고 확신을 가지십시오. 당신의 비전을 보고 그것을 느끼십시오.

꿈은 천천히 익어 가는 과일입니다.


이제 서서히 씨앗을 가꾸도록 합시다.

당신의 하루 하루가 보람으로 가득 찰 때, 당신의 미래는 매우 밝습니다.

# 제3장
# 사업 시작 후, 7일

　당신은 '꿈'이라는 씨앗을 뿌렸습니다. 그러므로 그 씨앗이 잘 자라도록 구체적인 실천을 해야 합니다. 당신의 꿈에 푹 빠지십시오. 그리고 당신의 꿈은 반드시 이루어진나는 강한 확신을 가지십시오. 정말로 그렇게 될 것입니다. 당신이 그럴 것이라고 생각하면 반드시 그렇게 되는 것입니다.

　명심하십시오. 네트웍 마케팅을 성공시키는 제 1원칙은 바로 '꿈'입니다.

　하지만 꿈을 이루려면 그만한 대가를 치러야 합니다. 부정적인 생각을 버리고 커다란 비전을 가지십시오. 비전을 통해서만 동기부여를 할 수 있습니다.

　그리고 동기부여가 되었다면 다음의 과정에 충실히 따르십시오. 그러면 당신은 저절로 성공의 문에 도착해 있을 것입니다.

자, 이제 당신의 학력, 직함, 연령, 성별은 잊으십시오.
당신은 다시 학생의 신분으로 돌아가 배우는 자세로 사업
을 시작해야 합니다.

명심하십시오.

어떠한 계획이든 당신의 실천이 따르지 않는다면 그것
은 아무런 의미가 없습니다.


## 당신의 선택을 믿는다

당신은 이제 막 '네트웍 마케팅'을 시작했습니다. 가슴
을 활짝 펴고 미래를 위해 노력과 시간을 투자하십시오.
이 단계에서 당신은 의욕은 앞서지만, 막상 사업을 출발
하려니 무엇부터 어떻게 해야 할지 몰라 고민스러울지도
모릅니다.

우선 당신의 선택을 믿고 업 라인을 믿으십시오.

이 사업을 전개하는데 있어서 당신의 업 라인만큼 당
신의 성공을 원하는 사람도 없습니다. 그러므로 업 라인
을 철저하게 복제하여 당신도 업 라인이 걸어간 성공의
길을 걷겠다고 결심하십시오.

이 사업에서 무엇보다 중요한 것은 업 라인의 어드바
이스대로 사업을 하면 반드시 성공할 수 있다는 확신을

갖는 것입니다. 당신이 업 라인을 믿고 열심히 노력하는 한, 당신의 업 라인은 최선을 다해 당신을 도울 것입니다.

## 100명의 명단을 적는다

당신이 알고 있는 모든 사람의 이름을 적으십시오. 네트웍 마케팅 비즈니스는 전혀 모르는 낯선 사람에게 우수한 제품과 사업기회에 대해 말하는 것이 아니라, 가장 아끼는 친한 사람에게 마치 좋은 영화나 음식점을 소개하듯이 좋은 것을 알려주는 일입니다.

그러므로 가장 친한 사람의 이름부터 시작하여 당신이 아는 모든 사람들을 명단에 적도록 하십시오. 당신이 자주 가는 가게나 단골식당 혹은 슈퍼, 미용실 등에 종사하는 사람들에게도 우수한 제품과 좋은 사업기회를 소개하고 싶다면 그들 역시 명단에 적어야 합니다.

당신은 결코 다른 사람들에게 부담을 주거나 강제 및 강요하는 것이 절대로 아닙니다. 다만, 좋은 것을 소개할 뿐입니다. 좋은 것은 서로 나누고 싶은 것이 인지상정 아닐까요?

## 초기주문을 한다

네트웍 마케팅 비즈니스에서 성공으로 들어가는 첫 걸

음은 바로 스스로 제품을 사용해 보는 것입니다. 당신이 확신을 가지고 다른 사람에게 제품과 사업기회에 대해 추천하려면 우선 스스로 사용해 보아야 합니다.

당신 회사의 제품들이 얼마나 좋은지를 알기 위해 당신 자신이 가장 훌륭한 고객이 되십시오.

뭔가를 살 때에는 먼저 자기 회사에서 어떤 제품을 취급하고 있는지 '제품 안내 카탈로그'를 살펴본 뒤에 자사 제품을 우선적으로 사는 습관을 들이십시오.

일단, 사업을 시작했다면 초기주문을 내십시오. 기본적인 제품조차 애용하지 않는 사업자가 성공하는 사례는 무척 드문 일입니다. 무엇보다 강한 확신은 스스로의 경험을 통해 우러나게 됩니다. 그러므로 당신은 직접 제품을 사용해 보고 그 우수성을 체험해야 합니다.

> ⬆ 매주 네 개의 새로운 제품을 구입하십시오. 그러면 3개월 후에 당신은 제품 전문가가 되어 있을 것입니다.

## 모임에 참석한다

네트웍 마케팅에서 성공하려면 적절한 훈련을 받아야 하므로 일단 새롭게 가입한 회원은 모임에 참석하는 것이 좋습니다. 모임에서는 사업정보와 성취의욕과 강한 확신도 얻을 수 있으므로 진지한 자세로 모임에 참석해야 합니다.

그리고 당신 자신이 모임을 개최할 때에는 시간을 정하고 지속적으로 해야 합니다.

그 때, 참석자의 숫자에 연연할 필요는 없습니다. 아무도 참석하지 않는 최악의 상황일지라도 계획대로 진행해야 합니다. 그럴 경우에는 녹음을 하면서 자연스럽게 진행하여 스스로를 평가할 수 있는 기회로 삼아야 합니다. 커다란 사업은 어디까지나 작은 모임에서부터 시작된다는 것을 잊지 마십시오.

---

⬆ 최소한 일주일에 한번 예상고객 앞에서 사업계획을 설명하십시오. 정기적으로 사업계획을 보여주지 않으면 테크닉을 빨리 습득할 수 없습니다.

---

### 한 사람을 후원한다

모임을 개최한 후에는 48시간 안에 후원을 하십시오. 당신이 48시간 내에 아무런 시도도 하지 않으면 예상고객은 '나는 선택되지 못했다'라고 생각하게 됩니다.

또한 사람은 누구나 시간이 흐르면 처음에 가졌던 열정이 사라지게 됩니다. 그러므로 예상고객이 조금이라도 모임에서 받았던 흥미와 열정이 남아 있을 때, 후원을 해야 합니다.

이때, 업 라인에게 도움을 요청하십시오. 하지만 업 라인이 직접적으로 사람을 후원해주는 것은 아닙니다. 당신의 업 라인은 당신의 후원작업을 도와주게 됩니다.

후원을 할 때에는 업 라인의 도움을 받아 당신의 리더가 사용하는 책자, 카탈로그, 제품, 그밖에 여러 가지 자료를 활용하도록 하십시오.

그리고 후원을 할 때에는 스스로에게 "이 사람과 일을 하여 무엇을 얻을 것인가?"라고 진지하게 질문해 보고 시작하십시오. 또한 예상고객이 시작이 더디거나 말만 앞세울지라도 절대로 포기하지 마십시오. 하지만 그 사람을 기다릴 필요는 없습니다.

분명히 말하지만 네트웍 마케팅 비즈니스는 커 가는 사업입니다.

인내심을 기르십시오.

> ⬆ 1대1 미팅은 주로 베테랑에게 적합한 방식이므로 경험이 없는 사업자는 가능한 한 1대1 미팅을 피하십시오. 만약 1대1 미팅을 해야 할 상황이라면 업 라인과 함께 하십시오.

## 업 라인과 미팅을 자주 갖는다

네트웍 마케팅에서 성공적이고 훌륭한 업 라인 리더들은 거의 매일 그들의 성공라인과 대화를 나누고 후원한 회원들을 훈련시키며 복제할 수 있는 사업 방법을 가르칩니다. 그리고 그들을 따르는 새로운 회원들은 성공적으로 네트웍을 형성해 나갑니다.

그러므로 적어도 한 사람을 데리고 와서 업 라인을 만나도록 하십시오. 그는 최선을 다해 자신이 알고 있는 모든 사업적 노하우를 당신에게 전해줄 것입니다.

네트웍 마케팅에서 업 라인은 최선을 다해 당신을 돕지만, 당신의 일을 대신 해주는 것은 아닙니다. 어디까지나 사업은 당신이 해야 하는 것입니다.

그러나 당신의 업 라인은 최소한 몇 개월간 당신이 주변에서 겪게 되는 부정적인 공격으로부터 당신을 지켜줄 것입니다.

당신의 업 라인을 믿고 따르십시오.


## 보상플랜과 회사 매뉴얼을 공부한다

당신이 빠른 시일 내에 리더가 되고 싶다면 다른 사람들의 질문에 대답할 수 있는 지식을 쌓아야 합니다. 그리고 사람들의 질문에 대한 대답은 회사가 제공하는 여러 가지 자료에서 충분히 찾아낼 수 있습니다.

열심히 배우십시오.

그리고 반드시 배운 것을 활용하십시오. 그러면 당신에게 행운이 찾아올 것입니다.

또한 장기적으로 볼 때, 회사의 마케팅 플랜을 완전히 이해하는 것보다 더 동기를 부여해 주는 것은 없습니다. 그것은 당신이 왜, 어떻게 성장하고 발전할 수 있는지를 구체적으로 보여주기 때문입니다.

> ⬆ 보상플랜에 대해 정확히 이해하려면 질문을 많이 하고 많이 들어서 정보를 얻어야 합니다. 당신이 이해할 때까지 지속적으로 질문하십시오. 그리고 가능한 한 빨리 다른 사람에게 그 정보를 가르쳐 주십시오.

# 제4장
# 사업 시작 후, 14일

이제 일주일이 지났고 당신은 한 사람을 후원하였습니다. 또한 네트웍 마케팅의 훌륭한 사업기회와 우수한 품질의 제품을 소개할 수 있는 사람들의 명단도 있습니다. 그렇다면 이제는 좀더 발전된 사업을 전개해 나가야 합니다.

용기를 잃지 말고 처음의 의욕을 그대로 간직하며 꾸준히 전진하십시오. 당신은 21세기를 성공자로 살아갈 충분한 자격이 있습니다.

## 두 번째 사람을 후원한다

사업을 시작하는 3개월 동안 당신의 목표는 12명을 후원하는 것입니다. 네트웍 마케팅 비즈니스에서 후원은 사업에 활력을 주는 근원이므로 최선을 다해 후원에 임해야 합니다.

바람직한 후원을 위해서는 사람들에게 설명하는 것을 훈련하고 많은 연습을 해야 하며 당신과 함께 일함으로써 얻게 되는 혜택과 회사 및 제품이 주는 혜택에 대해 말할 수 있어야 합니다.

이 사업은 혼자서 하기에는 너무 어렵습니다. 하지만 훌륭한 성공라인을 갖게 되면 좋은 결과를 얻게 됩니다. 즉, 후원을 하게 되면 당신의 성공라인은 당신을 복제하게 될 것이며 후원은 폭발적으로 늘어나게 되는 것입니다.

---

**↟ 알아두십시오!**

예상고객이 사업자가 될 것인지 말 것인지를 결심하는 것은 처음 혹은 두 번째 사후관리 때가 많고 세 번째 사후 관리에서 결심할 확률은 극히 낮다고 합니다.

---

### 집에서 모임을 개최한다

정기적으로 같은 시간에 같은 장소에서 모임을 갖도록 하십시오. 그리고 그 모임에서는 당신이 직접 설명을 할 수도 있고 아니면 업 라인에게 부탁해도 좋습니다.

적어도 4~5명이 참석할 수 있도록 사전에 참석을 확

인하고 독려하십시오. 그러나 아무도 참석하지 않았다 해도 절대로 실망할 필요는 없습니다. 그리고 참석률이 저조하거나 아예 참석자가 없더라도 모임은 예정대로 진행되어야 합니다. 녹음기를 틀어 놓고라도 모임을 진행하십시오. 그리고 그 순간을 훈련의 기회로 삼으십시오.

사업 설명을 할 때에는 보통 비디오나 여러 가지 자료, 차트 등을 이용하게 되는데, 이 때 예상고객이 사업의 전체적인 상황을 파악하려면 적어도 1시간 30분은 필요합니다. 하지만 그래도 완전하게 사업을 이해할 수 있는 예상고객은 많지 않습니다.

그러므로 모임에 참석하도록 독려할 경우에는 5~10분간의 전화통화로 사업 킨셉과 회사, 제품, 사업기회를 설명할 수 없음을 간곡히 말하고 모임에 참석하여 보다 많은 것을 알 수 있도록 하십시오.

만약 모임에 아무도 참석하지 않았다면 다음을 점검하도록 하십시오.

첫째, 제품을 적당히 갖고 있는가?

둘째, 누가 제품을 이동시키고 후원을 하는가?

그리고 다시 한번 모임의 의미를 되새기십시오. 하지만 사람들이 오지 않는다고 하여 모임에 참석하도록 구걸할 필요는 없습니다.

## 처음으로 데몬스트레이션을 계획한다

데몬스트레이션(실연)은 사람들의 참여율을 높이고 제품에 대한 믿음을 갖게 합니다. 즉, 고객을 확보하는데 있어서 데몬스트레이션은 매우 중요한 역할을 하게 되는 것입니다.

데몬스트레이션에서는 당신이 경험을 통해 확신하는 제품을 강조하십시오. 왜냐하면 당신 스스로 확신하는 제품이기 때문에 자연스러운 열정으로 사람들의 가슴에 와 닿는 설명을 할 수 있기 때문입니다.

> ⬆ 당신이 확신하는 제품은 보통 재구매가 크게 일어나며 소비율이 빠르게 증가합니다.

데몬스트레이션을 통해 당신의 친구나 친척, 아는 사람들은 당신이 취급하는 제품이 매우 우수하다는 것과 사업이 재미있다는 것 그리고 당신이 당신의 사업에 대해 커다란 열정을 품고 있다는 것을 알게 될 것입니다.

## 사업설명회를 위한 준비

사업설명회를 할 때에는 충분한 준비를 하여 열정을 담아 소개를 해야 합니다. 이때, 준비해야 할 것은 회사

소책자, 업 라인의 수입원 복사본, 업 라인과 함께 찍은 사진, 내셔널 컨벤션에서 찍은 당신의 사진, 사업 분야에서 유명한 사람들과 함께 찍은 사진입니다.

그리고 이 단계에서 당신의 이름과 회사명 그리고 핀 레벨, 주소, 전화번호가 들어 있는 고무스탬프를 준비하는 것이 좋습니다.

### 은행계좌 개설

물론 당신은 이미 여러 개의 통장을 갖고 있을 수도 있습니다. 하지만 네트웍 마케팅 비즈니스만을 위한 통장을 따로 마련하는 것이 좋습니다. 그리고 이 사업의 모든 수입을 그 통장에 입금하십시오. 또한 사업상의 모든 지출 역시 그 통장에서 하십시오. 절대로 사업적인 돈과 다른 돈을 혼동해서 사용하지 마십시오.

이 사업에서 리더가 되고자 한다면 이 사업의 수입을 사업과 관련하여 계획하고 개인적인 수입과 분리해야 합니다. 네트웍 마케팅 비즈니스에서 리더가 되는 일은 매우 중요합니다.

왜냐하면 네트웍 마케팅에서 그룹은 리더를 중심으로 성장하기 때문입니다.

## 개인적인 투자

네트웍 마케팅 비즈니스는 꾸준한 열정과 인내심이 필요한 사업입니다. 그러므로 당신 자신의 동기부여를 위해 지속적으로 투자할 필요가 있습니다.

일단 좋은 카세트 녹음기나 CD플레이어를 구입하십시오. 왜냐하면 훈련의 많은 부분이 테이프를 통해 이루어지고 또한 열정을 갖게 하는 음악도 효과적이기 때문입니다. 그리고 적어도 일주일에 한 개 내지 두 개의 테이프를 배우고 당신의 것으로 소화하십시오. 특히 업 라인이 추천하는 책과 테이프에 관심을 집중하십시오.

업 라인이 추천한 테이프는 최소한 7번 이상 들으십시오. 한번만 들으면 대강의 내용은 이해해도 중요한 사항을 놓쳐버릴 가능성이 높습니다.

테이프의 내용을 잠재의식에 넣으려면 즉, 테이프에서 말하는 것을 실제 사업에서 사용할 수 있으려면 최소한 7번은 들어야 하는 것입니다.

동기부여는 오래 지속되지 않습니다. 그러므로 계속해서 동기를 부여해야 합니다. 책을 읽고 테이프를 듣고 세미나에 참석하여 스스로에게 동기를 부여하십시오.

네트웍 마케팅 사업계는 놀라울 정도로 빠르게 변해가고 있습니다. 그러므로 아무리 전문가나 프로라 할지라도 항상 최신 정보와 테크닉에 접하지 않으면 그들이 현재 쓰고 있는 테크닉은 금방 시대에 뒤떨어진 것이 되고 그러면 보다 큰 사업기회를 놓치게 됩니다.

따라서 사업에서 성공하면 할수록 보다 많은 테이프를 들어야 합니다.

> ⬆ 성공한 당신의 모습을 생각하는 것은 강한 동기부여가 될 수 있습니다!

# 제5장
# 사업 시작 후, 21일

벌써 2주일이 후딱 지나갔습니다. 아마도 당신은 너무나 바빠서 그 시간이 어떻게 지나갔는지 정신이 없을지도 모릅니다. 그리고 많은 사람들을 만났고 좋은 이야기들도 많이 들었을 것입니다. 아직도 어색하고 서먹서먹합니까?

만약 2주일 내에 계획대로 일이 풀리지 않았다고 하더라도 너무 낙담하지 마십시오. 당신이 언제 어느 때, 이 사업을 폭발적으로 확장시킬 사람을 만날지 아무도 모릅니다. 꾸준히 지속하십시오.

분발하십시오.

이 사업은 분명히 가능성이 높고 당신이 인내심을 갖고 노력과 시간을 투자한다면 반드시 그 대가를 받게 될 것입니다.

최소한 일주일에 한 명을 후원하겠다는 다짐을 하십시

오. 리더들은 흔히 일주일에 두 명 내지 세 명을 후원합니다. 그리고 그들은 네 배 내지 아홉 배의 빠른 결과를 얻고 있습니다.

당신도 그렇게 될 수 있습니다.


### 세 번째 사람을 후원한다

이번 주에는 세 번째 사람을 후원하십시오. 당신이 적어 놓은 명단을 꼼꼼히 살펴보거나 새로 알게 된 사람을 머리 속에 떠올리며 하나하나 그 가능성을 체크한 다음 그를 직접 만나십시오.

만약 당신이 폭발적으로 후원이 이루어지길 원한다면 매주 한 사람 이상의 능력 있는 새로운 사람을 후원해야 합니다. 그러므로 최고의 후원자가 되기 위해 자신을 잘 정리하고 후원에 집중하십시오.

그리고 단순히 소비자로 남는 고객도 소홀히 해서는 안 되며, 설명을 더 잘할 수 있도록 꾸준히 노력하십시오.

또한 일단 후원을 한 뒤에는 그들이 다른 사람을 후원할 수 있도록 가르치십시오. 만약 당신이 아직까지도 후원을 할 수 없다면 업 라인과 함께 동행하여 업 라인이 어떻게 후원하는지를 배우십시오. 그리고 후원을 완전하게 할 수 있도록 꾸준히 연습하십시오. 당신도 반드시 전문가가 될 수 있습니다.

물론 당신이 제품에 대한 자신감, 사업 기회에 대한 확신, 당신과 후원을 한 사람들의 미래를 위해 일하겠다는 확신을 가질 때까지 후원은 느리게 진행될 지도 모릅니다. 하지만 속도를 내고 싶다면 자세와 태도를 바꿔 더 많은 지식을 얻도록 하십시오.

사람들의 관심 분야를 잘 이해하면 더 많은 후원을 하게 됩니다.

### 집에서 두 번째 모임을 개최한다

당신의 집에서 개최되는 두 번째 모임에는 첫 날 당신의 모임에 참석한 사람 중에서 두 번째로 참석하게 되는 사람이 있어야 하며 또한 새롭게 참석하는 사람들도 있어야 합니다. 그리고 모임은 쉽게 갈 수 있는 분위기를 연출해야 하며 사람들이 흥미를 갖게 하여 참여도를 높여야 합니다.

또한 모임의 목적은 아이디어를 나누고 정보를 주며 공지사항을 전하고 인정을 받고 우정과 친분을 가깝게 하는데 있음을 알려야 합니다.

기억하십시오. 성공은 커다란 모임이 아니라 자주 갖는 작은 모임에서 옵니다.

## 첫 번째 데몬스트레이션을 개최한다

일단 당신이 제품을 사용해 보고 제품의 우수성을 확신한다면 당신은 새로운 회원, 친구, 친척 그리고 이웃 사람들에게 열정을 담아 제품소개를 할 수 있을 것입니다.

특히 네트웍 마케팅 회사에서는 일반회사가 광고비에 쏟아 붓는 비용을 절약하여 연구 개발비에 투자하기 때문에 제품의 품질이 뛰어나므로 사람들은 제품을 사용해 본 후에 당신의 회사가 평범하지 않다는 것을 인식하게 됩니다.

또한 당신과 업 라인이 제품의 장점을 자랑스럽게 이야기할 때, 그들은 이 사업이 매우 흥미 있고 실질적인 것임을 알 수 있을 것입니다.

---

⬆ 데몬스트레이션에서는 제품의 특별한 장점을 설명할 수 있어야 하며 제품의 사용법과 유익한 점, 아이디어, 필요성 등을 설득력 있고 힘있게 말할 수 있어야 합니다.

---

## 사업시작 요령을 알려줄 준비를 한다

당신은 이제 서서히 리더로서의 면모를 갖춰 나가야 합니다. 이미 당신은 두 세 사람을 후원했고 그들이 성공적으로 자리를 잡도록 도와주고 있습니다.

그러므로 당신 역시 분발하여 보다 정확한 정보, 보다 확실한 요령을 그들에게 가르쳐 주어 열정을 갖고 노력하는 그들에게 실질적인 도움이 되어야 합니다.

왜냐하면 그들이 성공하도록 돕는 것이 곧 당신의 성공으로 연결되기 때문입니다. 후원에 대한 뒷마무리를 확실하게 하십시오.

### 업 라인을 자주 만난다

업 라인과 자주 만남을 가지십시오. 이때에는 새로운 사람 몇 명과 동행하도록 하고 주의를 집중하여 업 라인의 자세를 배우십시오.

하지만 업 라인은 당신 이외에도 많은 사람들을 후원하고 있어서 당신에게 많은 시간을 할애할 수 없을지도 모릅니다. 그러므로 시간이 지날수록 당신에 대한 업 라인의 관심이 줄어들 수도 있습니다. 물론 당신이 성공적으로 자리를 잡은 후라면 상관없지만, 그렇지 못한 상황이라면 당신은 실망감을 느낄 수도 있습니다.

비록 그렇다고 하더라도 실망할 필요는 없습니다.

만약 당신이 열심히 후원을 하고 모임에 적극적으로 참여하며 제품의 이동을 위해 노력한다면 업 라인은 적극 당신을 지원할 것입니다.

　결코 기대려 하지 마십시오. 어디까지나 당신은 독립된 사업자이지 업 라인에게 예속된 것이 아닙니다. 업 라인은 열심히 노력하는 당신을 적극 도와줄 뿐입니다.

　중요한 것은 업 라인이 하는 말을 잘 이해하느냐 못하느냐가 아니라 그들이 말하는 것을 100% 이해하지 못해도 그들이 어드바이스 하는 대로 사업을 펼칠 의사가 있느냐 없느냐 하는 것입니다. 네트웍 마케팅에서 업 라인은 당신을 반드시 성공시켜야만 그들도 성공할 수 있습니다. 그 점을 잊지 마십시오.

---

⬆ 업 라인과의 만남은?

　최소한 한 달에 한번은 만나십시오. 하지만 그룹이 단기간에 성장한 경우에는 최소한 일주일에 한번은 만나야 합니다. 그리고 그룹이 더 한층 성장한 경우에는 하루에 한번 꼴이 될 수도 있습니다. 그 횟수는 업 라인과 상의하여 결정하십시오.

---

## 자사 제품을 애용한다

　만약 당신이 아직도 당신이 관련된 회사의 제품을 사용하지 않고 같은 종류의 다른 제품을 사용하고 있다면 그것을 모두 상자에 담아 다른 사람에게 주어 버리십시오. 결코 그것을 아까워할 필요가 없습니다. 당신은 이미 당신 회사의 제품에 대해 그 우수성을 인정하고 있습니다. 당신이 취급하는 제품보다 더 우수한 제품이 있다면 그것을 사용하십시오.

당신은 당신 회사의 제품에 대해 자신이 없습니까?

## 데몬스트레이션(실연)을 배운다

가능한 한 많은 모임에 참석하여 제품 실연에 대한 정보를 얻고 스스로 연습을 하십시오. 특히 당신 자신이 직접 사용해 보고 느낀 제품의 우수성에 대해서는 열정을 담아 소개할 수 있으므로 무엇보다 당신 자신이 제품을 사용해 보는 것이 중요합니다.

이때, 주의할 것은 절대로 타회사 제품이나 같은 종류의 다른 제품과 비교하지 않아야 한다는 것입니다. 간단하게 사용해 보는 것만으로도 네트웍 마케팅 회사 제품의 우수성은 금방 알아볼 수 있습니다.

당신이 제품을 구입할 경우에는 가능한 한 세트단위로 구입하도록 하십시오. 왜냐하면 세트 단위에는 사업을 시작하기 위해 필요한 여러 가지 보조기구들이 함께 들어 있기 때문입니다. 그리고 보다 저렴한 가격으로 구할 수 있습니다.

매주 네 개의 새로운 제품을 구하십시오. 그러면 3개월 후에 당신은 제품 전문가가 되어 있을 것입니다. 그리고 초기단계부터 더 많은 데몬스트레이션(실연)을 하고 보조 자료를 사용하면 더 많은 제품의 이동과 후원을 할 수 있고 그것은 곧 더 많은 수입으로 이어집니다.

## 후원 노트를 정리한다

당신은 이 사업을 시작하면서 100명의 명단을 작성하였습니다. 그렇다면 이 단계에서는 그 100명의 명단에 대해 정리를 해야 합니다. 즉, 처음부터 당신을 지지해줄 사람은 이미 만났을 것이고 오랫동안 만나지 못했던 사람들에 대해서는 아직까지 당신이 이 사업을 시작했다는 말조차 꺼내지 못했을 수도 있으므로 노트를 정리하면서 다음의 사업 계획을 짜야 하는 것입니다.

그리고 금주에 새롭게 알게 된 사람들의 명단을 다섯 명 추가하십시오. 물론 연락하고 싶지 않은 사람에게 굳이 연락을 해야 하는 것은 아닙니다.

꾸준히 후원 노트를 정리하면 보다 정확한 사업계획을 짤 수 있고 생각지도 않던 순간에 좋은 사람을 만날 수도 있습니다.

# 제6장
# 사업 시작 후, 28일

바쁘시죠? 그렇다고 '시간 없다'는 말을 입에 달고 살지는 마십시오. 신은 누구에게나 공평하게 24시간을 주고 있습니다. 당신의 스케줄을 잘 관리하여 그 24시간을 충분히 활용하십시오. 그러면 당신의 인생은 그 누구보다 풍요롭게 전개될 것입니다.

당신은 21세기가 제공하는 가장 우수한 기회를 선택했습니다. 다소 힘들고 어렵더라도 당신 자신을 믿고 회사를 믿고 제품을 믿고 꾸준히 전진하십시오. 세상에 공짜는 없는 법입니다. 그리고 네트웍 마케팅은 당신이 노력한 만큼 정확한 대가를 돌려줍니다.

이것이야말로 자유기업 시스템이 당신에게 안겨주는 가장 확실한 기회입니다. 이제 한 달이 되어 가는군요. 당신의 열정은 여전히 살아 꿈틀거리고 있겠지요?

그렇다면 당신은 이미 성공자입니다.

당신은 행복합니다.

## 네 번째 사람을 후원한다

지금까지 한 사람도 후원하지 못했다고 해도 결코 포기하지 마십시오. 어떤 사람은 1년이 지난 뒤에야 비로소 후원을 하는 경우도 있습니다.

당신은 제품을 사랑하고 회사를 믿습니다. 그렇다면 다른 사람도 그러한 느낌을 갖도록 해주십시오. 당신은 이기주의자가 아닙니다.

다른 사람들이 성공하도록 도와주십시오. 어떻게 제품을 이동시키는지 그리고 후원하는지를 직접 보여주고 그들과 함께 사업을 전개하십시오. 모든 것은 혼자 하는 것보다 많은 사람들이 조금씩 하는 것이 훨씬 더 쉬운 법입니다.

또한 당신이 찾은 리더에 따라 그들이 사업을 하는 시간에 따라 그들의 리더십 능력에 따라 그리고 당신의 노력에 따라 성장하는 속도는 달라지게 됩니다. 당신보다 더 나은 사람을 찾으십시오. 성공하기 위해 준비되어 있는 사람과 당신처럼 의지가 강한 사람을 찾으십시오.

물론 초기의 숫자는 작고 또한 적은 변화만 있을 뿐이

지만, 사업이 성장단계에 이르면 당신이 대부분의 그룹 사람들을 알지 못할 정도로 규모가 커지게 됩니다. 그리고 당신은 그들의 노력에 따른 장려금을 받게 됩니다.

이것이 바로 네트웍 마케팅의 힘입니다!

## 다른 사람에게 후원을 가르친다

네트웍 마케팅 비즈니스의 매력은 바로 후원을 통한 수입에 있습니다. 그러므로 새로운 회원에게는 후원을 해서 올릴 수 있는 수입을 말해주고 그들이 처음으로 사업설명을 하는 날로부터 후원을 하는데 자신감을 갖도록 해야 합니다.

그리고 제품과 자신에 대한 믿음으로 딩징 후원을 하고 싶은 마음이 들도록 만들어야 합니다. 우선 대화에 필요한 말을 가르치십시오. 그리고 역할을 분담하여 연습하십시오. 또한 반대에 부딪치는 경우를 상정하여 연습하고 거부당하는 경우도 연습하십시오.

배운 대로 사업을 하고 배운 시스템을 그룹원들에게 가르치십시오.

그룹의 수입을 위해서는 넓게 그리고 안정을 위해서는 깊게 네트웍을 형성해야 합니다. 3년 동안 계속하여 20명 이상을 후원하고 그들을 훈련시키십시오. 그런 다음 당신의 사업에 어떠한 변화가 일어나는지 지켜보십시오.

사람들이 당신의 후원을 복제하게 하십시오. 자신을 복제하고 또한 다른 사람들에게 어떻게 하는지를 보여주십시오. 누구나 뛰어난 후원자가 될 능력을 갖고 있습니다.

한 개의 도토리는 열 개의 숲으로 자랄 수 있는 것입니다. 씨를 뿌리십시오.

## 목표를 명확히 한다

당신의 꿈을 글로 적으십시오. 그리고 그 꿈을 성취한 당신의 모습을 상상해 보십시오. 아마도 가슴이 뿌듯할 것입니다. 그 모습이 뚜렷하게 보이지 않는다면 당신이 원하는 꿈을 성취한 사람들의 사진이나 그림을 구해 당신이 늘 볼 수 있는 곳에 붙여 두십시오.

그리고 당신이 노력해서 얻고 싶은 것의 목록을 만드십시오. 그 목표를 명확하게 정의하고 성취 날짜까지 기록하십시오. 기록하지 않은 목표는 단순히 바라는 것에 지나지 않습니다. 단순히 바라기만 하는 것은 아무런 의미가 없습니다.

> ⬆ 이미 원하는 것을 갖고 있다고 상상하십시오. 그러면 원하는 것을 얻을 수 있을 것입니다.

## 집에서 세 번째 모임을 개최한다

이 단계에서 당신은 항상 더 큰 모임에 꾸준히 참석해야 하며 늘 작은 모임에 최선을 다해야 합니다. 당신의 리더십을 높이 평가받고 정당한 인정과 존경을 받기까지는 수개월이 걸릴지도 모릅니다. 그것을 인정하고 더 이상 사업을 하지 않는 사람과 열정을 지닌 새로운 사람들이 함께 있도록 방치하지 마십시오. 새로운 사람들이 사업을 그만둔 사람으로부터 부정적인 영향을 받을지도 모릅니다.

모임은 정시에 시작하여 정해 놓은 시간에 끝내도록 해야 하며 최신의 정보, 새로운 프로그램으로 진행되어야 하고 리더를 통해 정보가 전달되어야 합니다. 특히 작은 모임일수록 세부적인 사항에 각별히 신경 써야 합니다.

## 두 번째 데몬스트레이션을 개최한다

제품에 대한 정보나 지식은 계속 새롭게 추가되므로 처음부터 모든 것을 알고 출발하려 애쓸 필요는 없습니다.

당신이 직접 제품을 사용해 보고 여러 번 모임에 참석하면서 자연스럽게 터득할 수 있기 때문입니다. 사실, 네트워크 마케팅 비즈니스는 모든 것을 알고 시작해야 하는 것이 아니라, 사업을 하고 돈을 벌면서 경험을 통해 지식이 습득되는 것입니다.

이제 당신의 집에서 혹은 열심히 하는 회원의 집에서 데몬스트레이션을 가지십시오. 특히 그룹 사람들을 초청하여 모든 제품의 좋은 점을 이야기해 주십시오.

## 가족의 지원을 받는다

네트웍 마케팅 비즈니스는 혼자서 할 수도 있지만, 가족의 도움을 받게 된다면 더 좋은 결과를 가져올 수 있습니다. 특히 배우자와 같은 목표 같은 야망을 갖게 된다면 더 바랄 것이 없습니다.

물론 처음에는 가족들의 지지를 받지 못할 수도 있습니다. 비록 가족들이 냉담한 반응을 보일지라도 결코 실망하지 마십시오. 그리고 가족을 위해 시간을 내겠다는 확신을 심어주십시오.

당신이 성공한다면 그들은 관심을 보일 것입니다.

배우자와 함께 일을 할 경우에는 대부분의 경우 한 사람이 더 빨리 시작하고 더 많은 일을 하게 되지만, 항상 도움을 주고 협조하며 무엇보다 서로를 지지하므로 보다 좋은 결과를 얻을 수 있습니다.

### 스스로를 격려한다

이제 한 달이 되었습니다. 당신은 어느 정도 자신감을 갖게 되었을 수도 있고 아니면 그 반대일 수도 있습니다. 하지만 어느 경우라도 스스로를 격려하십시오.

그리고 말만 앞세울 것이 아니라 스스로 모범을 보이고 실천하십시오. 또한 일을 절대로 미루지 마십시오. 당신은 지금 성공의 길로 가고 있는 것입니다. 스스로 장애물을 만들지 마십시오.

당신은 지금 잘 하고 있습니다.

> ⬆ 네트웍 마케팅에서는 자기 자신이 하지 않는 그 어떤 것도 다른 사람에게 요구하거나 기대할 수 없습니다. 모범을 보이십시오.

### 약간의 여유 제품을 보유한다

업 라인과 상의하여 다음 보너스 단계의 진입을 위해 제품을 보유하는 것은 어떠한지 알아보십시오. 그리고 한두 단계 위의 보너스 수준에서 얻을 수 있는 포인트의 증가를 계산하십시오.

사업가적인 면모를 충분히 발휘하면 당신의 성공은 좀 더 빨라질 수 있습니다.

물론 창고에 가득 제품을 쌓아두는 것은 필요치 않지만 능력이 된다면 여분의 제품을 사 두십시오. 당신이 사업에 대한 확신을 갖고 있을 때, 새로운 회원을 위해 항상 여분의 제품을 갖고 있는 것은 좋은 아이디어입니다.

## 좋은 성과를 올리는 사람과 함께 할 기회를 갖는다

사람은 누구나 인정받고 칭찬 받기를 원합니다. 그러므로 열심히 노력하여 좋은 성과를 올리는 사람과 함께 하는 시간을 가짐으로써 좋은 관계를 유지하고 이해도를 한층 더 높이는 것이 좋습니다. 그 사람은 그만한 자격이 있고 당신 또한 그렇습니다.

인정을 해줌으로써 기쁨을 느끼십시오. 그리고 점심이나 저녁을 함께 함으로써 그들에게 감사의 표시를 하십시오. 다른 사람의 성취를 인정해 주는 것이 네트웍 마케팅의 성장을 위한 최상의 길입니다.

다른 사람을 인정하십시오.

인정의 일인자가 되십시오.

그러면 당신은 위대한 사람이 될 것입니다.

## 제7장
# 사업 시작 후, 35일

어느 새 한 달이 지나갔습니다. 이제 당신은 회사에서 제공하는 혜택을 어느 정도 이해할 수 있을 것입니다. 당신은 지금 사람들에게 21세기가 제공하는 가장 훌륭한 사업기회를 전해주고 있는 것입니다. 즉, 그들에게 도움을 주고 있는 것입니다.

사실, 아무리 열정적으로 이 사업에 뛰어들었어도 한 달이 지났을 때, 생각한 만큼 수입이 생기지 않거나 원했던 결과가 나오지 않으면 그 열정도 식어버리게 됩니다. 특히 기대하고 있던 사람에게서 거절당하거나 실망을 느끼게 되면 좌절하게 됩니다.

그럴 때에는 자신에게 남아 있는 열정의 불씨가 활활 타오를 수 있도록 책을 읽거나 비디오 테이프를 보거나 테이프를 들으십시오.

스스로를 독려하고 격려하십시오. 아무리 화가 나는 일이 있었어도 돌아오는 길에 테이프를 듣거나 책을 보고 그것을 이겨내십시오.

듣기만 해도 당신의 열정을 불태워줄 그리고 의욕을 샘솟게 해줄 테이프를 항상 두 세 개 준비하여 갖고 다니십시오.

당신은 스스로를 도와야 합니다.

당신은 할 수 있습니다.

결코 주저하지 마십시오.

## 다섯 번째 사람을 후원한다

이제 후원에 자신감이 생겼습니까? 그렇다고 하더라도 꾸준히 새로운 정보를 습득하고 보다 나은 방법을 연구하십시오. 그리고 사람들에게 진심을 담아 전하십시오. 당신은 그들에게 도움을 주고자 하는 것이지 절대로 해악을 끼치려 하는 것이 아닙니다.

좋은 제품을 나눠 갖고 좋은 사업기회를 함께 할 수 있는 길을 많은 사람들에게 알려주십시오. 왜 좋은 영화나 음식을 알려주는 일에는 적극적이면서 인생을 새롭게 설계할 수 있는 미래의 비전에 대해서는 알려주는 것에 인색하십니까?

마음을 넓게 가지십시오.
당신은 이 시대의 산타클로스입니다.

## 집에서 네 번째 모임을 갖는다

회원은 점점 늘어나고 있고 당신은 그룹에서 리더가
되고 있습니다. 이제 이 단계에서 업 라인과 상의하여 당
신이 직접 후원한 사람 중에서 누가 홈 미팅을 시작해야
하는지를 결정하십시오. 네트웍 마케팅에서 성공하기 위
한 유일한 방법은 다른 사람이 성공하도록 돕는데 있습니
다.

그룹의 회원들이 많은 사람들을 후원하면 당신의 그룹
은 갑자기 폭발적으로 성장합니다. 그러므로 미팅에 죄선
을 다하십시오. 하지만 인정받는 리더의 위치에 올라서야
만 미팅을 개최할 수 있는 것은 아닙니다.

매달 팀 미팅을 가지십시오.

또한 리더가 되면 매주 미팅을 갖도록 하십시오. 미팅
은 회원들의 인간관계를 증진시킵니다.

만약 당신이 네트웍 마케팅의 어느 한 부분 즉, 미팅에
서 말하는 것, 사회를 보는 것, 훈련하는 것, 후원하는 것,
최고가 되는 것 등에서 두려움을 느낀다면 용기를 내어
그것을 극복해야 합니다. 마음이 통하는 사람들과 함께

미팅을 가지면서 이러한 용기를 북돋우도록 하십시오.

## 다른 사람이 성공하도록 도와라

네트웍 마케팅은 다른 사람이 성공해야 당신이 성공하는 시스템으로 이루어져 있습니다. 그렇기 때문에 당신은 다른 사람을 도와 그들이 성공하도록 해야 합니다. 그러면 당신의 사업은 염려하지 않아도 쑥쑥 성장하게 됩니다. 그리고 당신이 사람들의 성장을 도우면 그들은 당신 사업의 성장을 도울 것입니다.

다른 사람들을 훈련하여 그들이 좋은 결과를 얻도록 하십시오. 이러한 모든 것은 시간이 걸리는 일이지만 대가 또한 엄청난 것입니다.

## 후원 노트를 점검한다

네트웍 마케팅에서 후원은 사업에 활력을 불어넣는 근원이므로 성공에 매우 중요한 요소입니다. 그러므로 매일 후원노트를 점검하여 새로운 사람을 추가시키고 또한 새롭게 후원을 해야 합니다.

최근, 네트웍 마케팅 회사의 연간 총매출액 내역을 조사한 결과에 따르면 총매출의 80% 이상이 사업자의 자가소비임이 밝혀졌습니다. 그러므로 매출액의 규모를 증가시키려면 많이 후원을 하여 사업자를 증가시켜야 합니다. 물론 이것은 부정적인 의미가 아닙니다.

어디까지나 좋은 것을 서로 나눠 쓰는 것입니다. 즉, 우수한 품질의 제품을 서로 나눠 쓰고 또한 서로에게 보너스까지 얻게 해주는 매우 이상적인 시스템인 것입니다.

사람이 살아가자면 반드시 최소한의 물건들은 필요한 법입니다. 그런데 그것을 사용할 때마다 보너스가 늘어난다면 그것은 단순한 소비가 아니라 돈을 쓰면서 돈을 버는 전혀 새로운 개념이라고 보아야 할 것입니다.

### 뉴스레터를 시작한다

이제 당신의 뉴스레터를 시작해야 합니다. 그 뉴스레터에서 당신은 회원들의 성공에 필요한 정보를 제공하고 그들을 인정해 주어야 합니다. 뉴스레터를 통해 당신은 많은 사람들에게 메시지를 전달할 수 있는 것입니다.

일단 뉴스레터에는 상대방을 인정하는 내용, 재미있는 이야기, 흥미로운 기사와 칭찬을 기록하여 업 라인에게 보낸 후 평가를 부탁하도록 합니다. 그리고 마음을 열어 업 라인의 평가를 겸허하게 받아들입니다.

그러한 자세를 통해 당신은 좀더 나은 뉴스레터를 작성하는 요령을 터득하게 될 것입니다. 주의할 것은 얼굴

이 선명하지 않은 사진을 싣거나 작은 글씨, 너무 빡빡하게 편집한 뉴스레터는 사람들에게 신뢰감을 주지 못한다는 점입니다.

## 마케팅 플랜을 연구하고 설명을 준비한다

이 단계에서 당신은 그동안 갈고 닦은 지식을 통해 좀 더 마케팅 플랜을 연구하고 당신의 업 라인 앞에서 설명하는 연습을 해야 합니다. 당신이 세상에서 가장 우수한 네트웍 마케팅의 기회에 대해 의욕적으로 말하려 하는데 갑자기 통계수치가 기억나지 않아 헤맨다면 어떨까요?

당신의 예상고객들은 당신을 신뢰합니다. 그 점을 잊지 마십시오. 하지만 좀더 신뢰감을 깊게 하려면 정확하게 설명하는 것이 좋습니다.

그렇다고 처음부터 모든 지식을 터득하고 시작해야 하는 것은 아닙니다. 사업을 진행해 나가면서 서서히 배워나가십시오. 그리고 모르는 부분이나 의문이 나는 사항은 업 라인에게 질문하여 확실히 알아두는 것이 좋습니다.

## 세 번째 데몬스트레이션을 갖는다

정기적으로 데몬스트레이션을 갖는 주된 목적은 고객들과 제품의 우수성에 대해 이야기를 나누고 당신이 최상

의 제품을 취급한다는 것을 보여주는데 있습니다. 그러한
모임을 통해 더 많은 데몬스트레이션을 약속하고 또한 새
로운 고객을 만드십시오.

그리고 새로운 제품과 정보를 교환하고 제품이 사람들
에게 주는 혜택에 대해 설명해 주십시오.

### 성공적인 그룹을 만난다

많은 경험과 지식을 쌓기 위해 가능한 한 많은 모임에
참석하는 것이 좋습니다. 그러한 자리에서 당신은 스스로
자원을 하여 값진 경험을 쌓도록 하십시오. 모임에서의
당신의 자세는 모든 사람의 의욕을 고취시킬 수 있습니
다.

모임 장소에는 가능한 한 빨리 가고 가능한 한 늦게 나
오십시오.

열정을 갖고 긍정적이며 쾌활하게 친근감을 주도록 하
십시오. 그리고 당신의 말과 행동을 일치시키십시오. 사
람들은 언행이 일치하는 사람과 함께 일하기를 원합니다.

또한 업 라인의 자세나 행동을 통해 많은 것을 배우도
록 기록하고 연구하십시오. 그리고 무엇보다 중요한 것은
배운 것을 당신 자신이 실천해야 한다는 점입니다.

일반적인 네트웍 마케팅 회사는 3개월에 한번 꼴로 수

천 명에서 수 만명 규모의 펑션을 기획합니다. 여기서 말하는 펑션이란 각종 미팅, 컨벤션, 세미나, 랠리 등 비즈니스에 관한 행동의 총칭을 말합니다.

즉, 3개월마다 서로를 격려하면서 꿈을 갖게 하고 잊고 있던 꿈을 떠올리게 하며 그 꿈을 실현하기 위해 목표를 세우게 하고 결과를 체크하도록 하는 것입니다.

사실, 아무리 성실한 사람일지라도 1년 동안 의욕을 지속시키는 일은 쉽지 않습니다. 하지만 3개월 정도라면 누구든 쉽게 의욕을 지속시킬 수 있습니다. 그러므로 의욕을 꾸준히 지속시킬 수 있도록 3개월마다 펑션을 기획하는 것입니다.

모든 펑션에 참가하여 성공한 사람이 어떻게 성공했는지 왜 운이 좋은지 그 비결을 배우십시오.

# 제8장
# 사업 시작 후, 42일

새로운 사람을 후원하는 것도 중요하지만, 이제 당신은 당신이 후원한 사람들을 돕는 일에 많은 시간을 할애해야 합니다. 당신이 후원한 사람들을 적극 지원하십시오. 그리고 그들 또한 당신을 돕도록 하십시오.

그들을 훈련시키고 리더십에 대해 가르치는 일은 매우 중요합니다. 당신의 그룹이 커지게 되면 당신은 모든 성공라인을 돌볼 수 없으며 톱 리더들을 관리하게 됩니다. 그렇기 때문에 복제가 중요한 것입니다. 실제로 사업이 성장단계에 이르면 당신은 대부분의 그룹 사람들을 알지 못합니다. 하지만 그들이 제품을 주문할 때마다 당신은 장려금을 받게 됩니다.

이것이 바로 네트웍 마케팅의 힘입니다.

그러나 네트웍 마케팅 비즈니스는 일확천금을 안겨주

는 사업이 아닙니다. 즉, 시간과 노력의 투자가 필요한 것
입니다. 회사에서 주는 혜택을 설명하고 후원을 하는데
들어가는 노력과 시간 투자의 결과를 얻을 때까지 3년이
걸릴 수도 있습니다.

하지만 당신이 후원을 잘 한다면 그리고 그들이 후원
을 하도록 잘 가르친다면 당신의 사업은 빠른 시간 내에
폭발적으로 성장할 것이며 수입 또한 마찬가지입니다.

포기하지 마십시오.

당신의 꿈을 생각하십시오.

더 나은 생활에 대한 비전을 보고 지금 하고 있는 일에
대한 열정을 지니십시오. 그러면 당신은 당신 자신뿐만
아니라, 사람들의 삶도 발전적으로 바꿔줄 것입니다.

## 새로운 회원을 후원한다

당신의 집에서 매주 모임을 가지십시오. 그리고 당신이
후원한 사람들을 도와주십시오. 그들에게 리더십을 가르
치십시오. 어떻게 제품을 이동시키는지 그리고 후원하는
지를 직접 보여주십시오. 당신이 더 많은 사람들을 후원
하면 당신의 네트웍은 더 빨리 성장합니다.

당신이 한 사람을 후원하면 당신 조직은 두 사람이 됩
니다. 그리고 그 두 사람이 한 사람씩 찾으면 네 명이 됩

니다. 그 네 명 모두가 한 사람씩 찾으면 여덟 명이 됩니
다. 그 여덟 명이 한 사람씩 찾으면…. 결국 2, 4, 8, 16,
64…의 배가 원리로 증식되는 것입니다.

물론 초기의 숫자는 작습니다. 하지만 다음 단계로 가
면 숫자는 급상승합니다. 그러므로 처음 몇 단계를 강하
게 만들면 이러한 리더들이 또 다시 기하학적으로 성장하
는 그룹을 만들게 됩니다. 그러므로 사업 초기에 숫자가
적다는 이유만으로 실망하지 마십시오.

아무 것도 하지 않는 사람은 늘 현재 상태대로만 남게
됩니다. 하지만 당신이 인내심을 갖고 지속적으로 후원하
며 자신을 반복하여 복제하도록 하면 돈이 당신을 따라올
것입니다.

### 첫 단계 리더의 집에서 모임을 갖는다

이 모임의 목표는 리더가 될 3~4명의 사람들이 마케
팅 플랜의 다음 단계를 달성하는데 있습니다. 이 모임에
서 당신은 비판하지 말고 조용히 필기를 하십시오. 즉, 리
더들이 진행하는 것을 지켜보는 것입니다.

성공적인 모임이 될 수 있도록 시작할 때, 분위기를 잘
조성하도록 주의를 주십시오. 그리고 정해진 시간을 반드
시 지키도록 하고 리더를 통해 최신의 정보가 전달되도록

해야 합니다.

리더들은 개인의 발전을 위해 최선을 다하는 사람들입니다. 이러한 성향은 성공자가 되기 위한 사람들에게 반드시 필요한 자세입니다.

### 계속해서 고객과 접촉한다

당신의 예상고객들은 당신이 모르는 사람들을 많이 알고 있습니다. 또한 그들 중에는 제품의 우수성을 깨닫고 당신의 성공에 자극을 받아 회원이 되고자 하는 사람들도 있을 것입니다.

그러한 사람들은 당신이 손을 뻗치기를 기다리고 있을 것입니다. 그들을 훌륭한 사업기회로 안내하십시오. 당신이 지속적으로 그들에게 신뢰감을 보여준다면, 그들은 열정적으로 사업에 임할 것입니다.

만약 고객을 확보하는 더 나은 방법을 찾는다면 업 라인에게 물어보십시오. 그러면 반드시 질문에 대한 대답을 얻을 수 있을 것입니다. 조급해 할 것 없습니다. 당신은 지금 단거리 경주를 하고 있는 것이 아니라, 마라톤을 하고 있는 것입니다.

느긋하게 하십시오. 하지만 반드시 자사 제품을 100% 사용해야 하고 가능한 한 빨리 고객을 확보하기 위해 노력해야 합니다.

## 네 번째 데몬스트레이션을 개최한다

데몬스트레이션은 하면 할수록 익숙해지고 또한 재미
도 느끼게 됩니다. 당신이 새롭게 만나게 될 사람들을 생
각하며 충분히 연습을 하십시오. 그리고 사람들 앞에서
자연스럽게 열정을 담아 재미있게 제품 소개를 하십시오.

제품에 대한 진실을 보다 흥미롭게 전달하면 사람들은
제품에 대해 많은 관심을 기울이게 되고 그것이 사업기회
에 대한 관심으로 이어질 확률이 높습니다.

## 목표와 목표달성 상태를 분석한다

지금까지 걸어온 길 그리고 지금 당신이 걷고 있는 길
을 돌아보며 늘 장점과 약점을 분석하십시오. 그리고 지
금까지 해온 것을 자랑스럽게 생각하되, 결코 만족하거나
자만해서는 안 됩니다.

꾸준히 분발하십시오.

만약 원하는 대로 목표를 달성하지 못했더라도 결코
실망하지 마십시오. 지금부터라도 당신이 열심히 노력하
면 당신의 목표는 얼마든지 달성될 수 있습니다.

느리지만 꾸준한 것이 경주에서 이기는 법입니다.

너무 서둘거나 조급해 하지 마십시오. 당신이 지금 하고 있는 일의 결과는 항상 두 달이나 세 달 이후에 나타나게 됩니다.

## 약간의 여유 제품을 확보한다

당신이 약간의 여유 제품을 갖고 있으면 사람들에게 더 나은 서비스를 제공할 수 있고 또한 제품이 단종되었을 때에도 회원에게 충분히 공급할 수 있습니다. 그리고 여분의 제품은 당신의 결의에 확신을 가져오며 친구들과 이웃은 당신이 안정된 사업을 하고 있다는 점을 인식할 것입니다.

또한 당신이 제품에 투자를 하게 되면, 더욱더 열심히 일하게 되고 사업의 추진력을 느낄 수 있을 것입니다. 하지만 핀 레벨의 상승을 위해 무리하게 여분의 제품을 확보하는 것은 올바른 방법이 아닙니다.

당신의 사업적인 능력과 그룹의 상황을 고려하여 늘 약간의 여유 제품을 유지하도록 하십시오.

## 필요한 자료와 테이프를 구한다

한 달이 조금 지난 지금, 당신은 어쩌면 네트웍 마케팅에서 성공하는 것에 대해 부적절한 인생관, 가치관, 사고

방식을 갖고 있을지도 모릅니다. 하지만 환경을 좋은 방
향으로 바꾸면 그러한 가치관들도 사업에서 성공할 수 있
는 좋은 방향으로 바꿀 수 있습니다. 그리고 결국은 네트
웍 마케팅에서 성공할 수 있습니다.

---

**↑ 어떻게 사업환경을 바꿀 수 있을까요?**
  업 라인이 추천하는 책을 읽고 성공 테이프를 들은 후,
미팅에 참가하여 가능한 한 성공한 사람 가까이에 계십시오.
당신은 성공자에게 전염될 것입니다.

---

  네트웍 마케팅을 전개하다 보면 자투리 시간을 이용해
야 하는 경우가 많이 발생합니다. 사람들을 기다리는 시
간이나 이동하는 시간 혹은 집에서 소소한 집안 일을 할
때에도 짬을 내어 활용할 수 있어야 합니다.

  우선 이동을 하거나 집안 일을 할 때에는 테이프를 틀
어놓고 사업적인 정보를 얻거나 지식을 쌓으십시오. 그리
고 당신 그룹의 다른 사람들도 그렇게 하도록 지도하십시
오. 또한 작은 책이라도 들고 다니면서 사람을 기다리는
시간이나 대중교통을 이용하는 시간에 틈틈이 읽는 것이
바람직합니다.

  아무리 자투리 시간이라도 당신이 활용하기에 따라 엄
청난 시간으로 확장될 수 있음을 명심하십시오. 하루에

한 시간씩 자투리 시간을 활용하면 당신은 1년에 15일을 번 셈이 됩니다.

새로운 아이디어를 받아들이려면 유연한 가치관, 인생관이 요구됩니다.

### 리더십을 발휘한다

당신은 이제 그룹의 모든 분야에 지식을 전달해 줄 중심적 역할을 해야 합니다. 이러한 리더십은 다른 사람을 성공하게 하고 또한 강하게 합니다.

훌륭한 리더는 리더십을 갖추기 위해 필요한 모든 것을 준비합니다. 그들은 더 훌륭하고 더 효과적인 리더로 거듭나기 위해 도움이 되는 모든 아이디어를 자신의 것으로 만드는 것입니다. 당신 역시 그럴 것입니다.

리더인 당신은 항상 양서를 읽고 항상 성장합니다. 또한 인정을 해주는데 있어서 전문가이고 구체적인 목표를 갖고 있습니다. 그리고 모범을 보이고 사람들로 하여금 따르도록 하며 다른 사람과 함께 정상으로 향합니다.

당신은 그 누구보다 당신 그룹 사람들의 성공을 진심으로 원하기 때문입니다.

# 제9장
# 사업 시작 후, 49일

　지금까지 순조롭게 사업이 진행되었다면 당신은 당신의 그룹을 관리하느라 매우 분주한 시간을 보내고 있을 것입니다. 하지만 계획대로 순조롭게 진행되지 않았더라도 실망하지 마십시오. 네트웍 마케팅 비즈니스는 늘 새롭게 시작하는 마음으로 일을 하는 것이 좋습니다.

　최선의 노력을 기울인 다음에는 결과를 인정하고 늘 새로운 마음으로 사업에 임하십시오. 결코 부정적인 생각이나 장애물이 당신의 앞을 가로막도록 내버려두지 마십시오.

　꾸준히 인내하는 당신은 분명히 성공자입니다.

　만약 당신이 지금까지 이 책에서 제시하는 내용대로 실천하지 못했다면 최소한 다음의 조건들을 충족시켰는지 살펴보십시오.

첫째, 현재 100% 자사 제품을 사용하고 있는가?

둘째, 사업설명회를 두 번 이상 개최하였나?

셋째, 최소한 15명의 고객을 확보하였나?

사업을 시작한 후 49일이 되었어도 아직 이 세 가지를 충실히 이행하지 못했다면 지금부터라도 분발하는 것이 좋습니다.

네트웍 마케팅의 힘을 믿으십시오.

## 새로운 회원을 후원한다

지속적으로 새로운 사람을 후원하십시오. 이번에 후원하는 사람이 최상의 결과를 가져오는 리더가 될지도 모릅니다. 혹은 그러한 결과를 가져올 사람을 후원할지도 모릅니다.

당신에게는 늘 기회가 함께 하고 또한 당신은 늘 가능성을 안고 있습니다. 하지만 그것을 움켜쥐려면 당신이 실천을 하고 그것을 얻기 위해 노력해야 합니다. 그리고 후원은 당신의 가능성을 한층 더 높여줍니다.

## 매주 모임을 주관한다

열정을 갖고 성공하는 그룹과 함께 하십시오. 그리고 모임에서는 3분의 1에 해당하는 시간을 마케팅 플랜에 투자하십시오. 결코 성공하는데 관심이 없는 사람의 곁에 있지 마십시오. 또한 그룹의 모임에서 부정적인 것을 말하지 마십시오.

### 첫 단계 리더를 위해 두 번째 모임을 갖는다

첫 단계 리더의 집에서 모임을 열고 그 사람이 후원한 사람 중에서 리더를 찾아내 함께 일하십시오. 또한 개인적으로 그들과 친해지고 진심으로 이익을 줄 수 있도록 관심을 보이십시오. 모임은 회원들의 인간관계를 증진시키므로 성공적인 네트웍 마케팅 사업가의 모임에 참석하도록 하십시오.

이러한 모임을 통해 정보를 나누게 되면, 당신이 개인적으로 사람들에게 정보를 제공하기 위해 소비해야 하는 시간을 줄일 수 있습니다.

솔선 수범하십시오.

그리고 사람들이 당신을 따르도록 가르치십시오.

### 또 하나의 데몬스트레이션을 갖는다

네트웍 마케팅의 리더인 당신은 사람들에게 좋은 모범을 보여야 합니다. 그리고 그 모범은 성공라인들이 따르게 될 것입니다. 이 단계에서 당신은 제품에 관한 한 인정받는 전문가가 되어 있어야 합니다. 그리고 당신의 목표는 3개월이 끝날 때까지 당신의 그룹에 10명 이상의 제품 전문가를 갖는 것입니다.

## 수입 근거를 복사한다

당신이 얻게 된 모든 수입을 기록해 두면 그것은 당신의 발전상태를 한 눈에 알 수 있게 해줍니다. 좀더 시간을 내어 그것을 그래프로 나타내면 더욱더 선명하게 당신의 성장과정이 눈에 들어옵니다. 비록 처음에는 아주 낮은 단계로부터 출발했지만 점진적으로 발전해 온 과정을 지켜보는 것은 커다란 기쁨입니다.

그리고 그것은 그 자체만으로도 커다란 동기유발의 요소가 될 수 있습니다.

## 첫 단계의 두 번째 리더를 배출한다

당신의 목표는 한 두 명의 리더를 배출하는 것이 아닙니다. 적어도 3~4명의 리더를 배출해야 합니다. 사람들이 참여의식을 갖도록 결정을 하고 사람들에게 스스로 할 수 있는 의욕을 북돋워주며, 사람들의 말을 경청함으로써 그들의 중요성을 인식시키는 리더가 3~4명 정도 있으면 당신 그룹은 꾸준히 성장할 것입니다.

왜냐하면 훌륭한 리더는 사람들이 한때 불가능하다고 믿었던 것들을 성취할 수 있도록 자극을 줌으로써 그들로 하여금 최상의 능력을 발휘하도록 하기 때문입니다.

하지만 한 사람의 리더를 만나기 위해서는 최소한 20명 정도를 후원해야 한다는 점도 잊지 마시기 바랍니다. 당신이 개인의 성장과 리더십 개발을 위해 얼마나 노력하느냐에 따라 네트웍 마케팅의 성공이 결정됩니다.

### 제품에 대해 충분한 지식을 터득한다

당신이 스스로 제품을 사용해 보고 깨닫게 된 제품에 대한 확신은 당신과 주위 사람들의 반응에 의해 증가됩니다. 이때, 당신의 확신을 표출할 때에는 인위적이거나 기술적이어서는 안 되며 어디까지나 자연스러워야 합니다.

우선 제품에 대한 지식을 충분히 터득하여 흥미와 확신을 갖도록 하십시오. 그러면 당신은 자연스럽게 열정을 담아 사람들에게 제품을 권할 수 있을 것입니다.

사람들은 당신이 그 제품을 직접 사용해 보고 스스로 터득한 경험에 의해 진심으로 권하는 것인지 아닌지 금방 알아볼 수 있습니다. 그러므로 우선적으로 당신이 먼저 제품을 사용해 보아야 합니다.

만약 당신이 도저히 사용할 일이 없는 제품이라면 가

족이나 친구들의 도움을 받아 간접적인 경험이라도 쌓는 것이 좋습니다. 그리하여 그들의 생생한 경험담을 이야기하는 것입니다.

반드시 진실만을 말하도록 하십시오.

## 열심히 노력하라

이제 어느 정도 사업에 대한 부담과 걱정이 사라졌는지요. 물론 뜻대로 사업이 풀리지 않았다면 아직까지 걱정되는 부분이 있을 것이고 심지어 일할 맛이 나지 않을 수도 있습니다.

하지만 그래도 열심히 일하십시오.

제품의 이동, 접촉, 모임, 전화, 편지, 뉴스레터, 주문, 계획… 이것이 바로 네트웍 마케팅 비즈니스를 전개하는 사람들이 해야 할 일입니다. 그리고 당신이 이 사업에 대해 더 많은 힘을 쏟을수록 더욱더 좋은 결과를 얻게 됩니다.

이제 당신은 겨우 걸음마를 하고 있습니다. 조급하게 뛰려고 애쓰지 말고 순리대로 일을 풀어 가십시오.

세상은 끊임없이 변화합니다. 그러므로 당신도 발전하기 위한 노력을 계속 해야 합니다. 당신이 현재 서 있는 위치가 전부는 아닙니다. 당신은 미래의 발전에 대한 기대치로써 평가받아야 하는 것입니다.

## 장점과 단점을 잘 적용시킨다

당신의 장점과 단점을 인식하십시오. 하지만 단점을 버리려 애쓸 필요는 없습니다. 다만, 단점을 생각지 말고 장점만 생각하십시오. 그러면 단점은 서서히 서야 할 자리를 잃고 말 것입니다.

좋은 것에 신경을 집중하다 보면 나쁜 것은 저절로 사라지게 됩니다. 그러므로 단점을 없애기 위해 애쓰려 하기보다는 장점을 발전시키기 위해 노력하십시오.

무엇보다 중요한 것은 자신의 장점을 알고 잘 하는 부분에서 좋은 결과를 얻노록 자신의 계획을 조절하는 것입니다.

제10장
# 사업 시작 후, 56일

당신이 사업을 시작한 지 두 달이 되었습니다. 그동안 업 라인을 복제한 당신은 열심히 계획대로 움직여 왔을 것입니다. 물론 세상사가 그렇듯 모든 일이 순조롭게만 신행된 것이 아닐 수도 있습니다.

지금까지의 결과에 연연하지 마십시오.

늘 새로운 마음으로 시작하십시오.

당신은 이제 씨앗을 뿌리고 열심히 가꾸고 있는 것입니다. 그 씨앗 중에는 더러 싹을 틔우지 못하고 사장되는 것도 있을 것입니다. 하지만 걱정하지 마십시오. 씨앗은 또 뿌리면 됩니다. 그리고 잘 자라고 있는 싹을 위해 열심히 물을 주고 거름을 주십시오.

한 알의 밀알이 싹이 트면 가을에 풍성한 수확을 안겨 주듯 당신은 머지 않아 풍성한 열매를 거둘 수 있을 것입니다.

## 새로운 사람을 후원한다

네트웍 마케팅에서는 후원한 사람이 많으면 많을수록 안전합니다. 그러므로 후원은 지속적으로 이루어져야 합니다. 당신의 성공라인이 처음부터 이 책에서 제시하는 단계에 따라 실천한다면 즉, 당신처럼 성공을 거두고 있다면 후원에 대해서는 안심해도 좋습니다.

당신은 매주 한 사람씩 꾸준히 후원을 해야 합니다. 계속해서 매주 한 사람씩 후원을 하면 당신은 커다란 성공을 거둘 수 있을 것입니다.

## 주간모임을 주관한다

별다른 성과를 거두지 못했다고 겨우 두 달만에 일을 끝내려 할 참입니까! 장사가 잘 되지 않는다고 가게문을 일찍 닫아버리면 곧바로 망하게 될 것입니다.

인내하십시오.

세상에 그냥 얻어지는 것은 없습니다. 최소한의 노력을 기울인 뒤에 포기해도 늦지 않습니다. 우리가 사회에 나가 직장을 구하려 해도 엄청난 세월 동안 시간과 노력을 투자해야 하는데 하물며 당신의 미래를 보장해줄 사업을 전개하는데 있어서 최소한의 노력과 시간은 반드시 필요한 것입니다.

다른 사람들에게 성공을 가져다 준 방법들을 복사하십시오. 계속해서 모임을 갖고 실수로부터 배우십시오. 물론 모든 모임이 성공적인 것은 아니지만, 모두 당신의 성공에 일조를 할 것입니다.

### 첫 단계 리더 중, 두 번째 사람을 위해 첫 모임을 갖는다

지속적으로 열리는 이러한 모임들은 커다란 사업을 만드는 모태가 됩니다. 그리고 이것이 바로 사업이 성장하는 이유가 되는 것입니다.

늘 똑같이 반복되는 모임에 싫증을 내고 있습니까?

사실, 네트웍 마케팅에서의 사업설명은 기본적으로 같습니다. 물론 설명 방법이 능숙한가 아니면 서툰가의 차이는 있겠지만 기본적으로는 같은 것을 하게 됩니다. 왜냐하면 사업 계획을 설명할 때에는 특별한 지식과 훈련 없이 누구나 간단하게 사용할 수 있는 플립차트를 사용하기 때문입니다.

여기서 한 가지 강조하고 싶은 것이 있습니다.

그것은 바로 네트웍 마케팅 비즈니스가 '복제 사업'이라는 점입니다. 사업설명은 쉽고 간단하고 명쾌해서 누구나 쉽게 따라 할 수 있는 심플한 것이 좋습니다. 그럼으로써 그룹 사람들은 누구든 쉽게 사업설명을 할 수 있고 그룹 내에 강한 연대감이 형성되기 때문입니다.

장점을 받아들이십시오.

그것은 오랫동안의 경험을 통해 성공이 입증된 방법입니다.

## 사업을 즐긴다

네트웍 마케팅 비즈니스는 자기 자신과의 싸움입니다. 그러므로 자기 자신에게 도전하되, 중압감을 받을 필요는 없습니다. 당신이 사업을 즐길 때, 사업은 더 빠르게 성장합니다. 그리고 일에서 재미를 느끼면 더 열심히 일하게 되고 일하는 것도 쉬워집니다.

## 그룹을 만들어 지도하고 발전시킨다

네트웍 마케팅 플랜은 리더들을 위한 것입니다. 그러므로 사업으로부터 더 많은 것을 원한다면 더 성장하도록 하십시오.

그룹 리더가 되지 못하면 네트웍 마케팅에서 성공할 수 있다는 보장도 없고 반대로 성공했다고 해도 긴 세월이 걸립니다. 또한 그룹의 리더가 되지 않으면 어느 정도 성공을 하여도 일정 레벨 이상으로 올라갈 수가 없습니다.

> **↑ 리더가 되는 8가지 조건**
> 첫째, 최소한 일주일에 1회 사업설명을 합니다.
> 둘째, 100% 자사 제품을 사용합니다.
> 셋째, 최소한 15명의 고객을 확보합니다.
> 넷째, 하루에 20분간 추천 받은 책을 읽습니다.
> 다섯째, 업 라인이 추천한 테이프를 듣습니다.
> 여섯째, 모든 모임에 참가합니다.
> 일곱째, 팀웍을 배웁니다.
> 여덟째, 정기적으로 업 라인과 만납니다.

리더들은 마치 자석처럼 사람들을 끌어 모으고 호감을 줍니다. 그리고 회사의 비전을 열정적으로 전하며 그룹과 회사, 다른 모든 사람들의 성공을 원합니다.

또한 리더들은 자신의 비전을 위해 강한 추진력을 갖고 있으며 다른 사람에게 공헌하고 인생의 목적과 열정과 재능과 가치를 중요시하며 다른 사람에게 힘을 갖게 해주고 도움을 줍니다.

## 업 라인 모임에 참석한다
당신의 성공라인이 당신보다 더 오래 사업을 한 사람

을 만나는 것은 매우 중요합니다. 그러한 모임에서 다른 사람의 모범이 되도록 하십시오.

특히 열정을 갖고 긍정적으로 행동하며 주의를 기울이십시오. 당신이 그룹 사람들에게 받기를 원하는 만큼 당신의 리더를 존경하십시오.

당신이 리더십 세미나 같은 커다란 모임에 참석하게 되면 당신이 하고 있는 사업이 커다란 가치가 있다는 것을 깨닫게 될 것입니다.

또한 그러한 모임은 리더십을 개발하고 사업에 대한 트레이닝을 받는 것은 물론이고 무엇보다 중요한 것은 지금 소속되어 있는 회사의 중요성을 경험하게 된다는 사실입니다.

그리고 사업과 회사에 대한 관념을 좀더 좋은 면으로 바꿔줄 것입니다. 사실, 커다란 모임은 예상고객들이 사업에 대한 흥미를 보이는가 보이지 않는가에 상관없이 그 모임에 참석한 사람들에게 생각의 '틀'을 확대하여 유연한 사고를 갖게 할 목적으로 개최됩니다.

> ⬆ 당신의 사업설명회와 일대일 미팅에 참석한 예상고객에 한하여 커다란 미팅에 참석시키도록 하십시오. 아무 것도 모르는 상태에서 많은 사람이 모인 모임에 참석하면 이상한 종교집단으로 오해할 수도 있습니다.

## 자신의 자세를 평가한다

당신의 태도 하나하나는 당신의 그룹 사람들에게 많은 영향을 미치게 됩니다. 이제 네트웍 마케팅 비즈니스는 당신 삶의 일부분이 되어 있습니다. 당신은 사람들에게 열정을 갖고 일하도록 자극을 줍니까? 아니면 열정을 떨어뜨립니까?

당신이 좀더 발전시켜야 하는 부분에 대해 당신의 업 라인에게 솔직한 의견을 물어보도록 하십시오. 그리고 고쳐야 할 부분이 발견된다면 그것을 과감히 인정하고 좀더 나은 태도를 유지하도록 노력하십시오.

당신이 열심히 사업을 전개하는 한, 당신의 업 라인은 당신이 스스로 사업을 전개할 수 있을 때까지 함께 동행하여 일하는 모습과 성공하는 모습을 보여줄 것입니다. 그리고 당신의 질문이나 의문사항에 대해 최선을 다해 설명해 줄 것입니다.

---

**⬆ 왜 물어보는 것이 좋을까요?**

당신의 업 라인은 사업에서 성공하는 조건과 원칙을 알고 있을 뿐 아니라 이미 성공의 길을 걸어본 경험을 갖고 있습니다. 따라서 성공하려면 무엇을 어떻게 해야 하는지 가르쳐 줄 수 있으며 그들에게 카운슬링을 받느냐 안 받느냐 하는 것은 사업에서 성공하느냐 못 하느냐를 가름하기도 합니다.

---

네트웍 마케팅 비즈니스는 사업을 통해 삶의 질을 향상시키는 것뿐만 아니라 개인적인 인격에 있어서도 한층 향상된 모습으로 거듭나게 해줍니다.

## 일일계획을 기록한다

스프링 노트를 하나 구입하여 잠자기 전에 내일 해야 할 일을 기록하십시오. 또한 일의 우선순위를 정하고 만날 사람이나 생각나는 사람의 이름을 적도록 하십시오. 이것은 매우 중요한 일로써 자기 전에 매일 내일의 할 일을 10가지 적고 매일의 실천 목표의 목록에 넣으십시오.

만약 당신의 라이프스타일이 저녁에 일찍 자고 아침에 일찍 일어나는 것이라면 새벽에 일찍 일어나 하루의 계획을 세우는 것도 좋습니다.

---

↑ 하루의 일정을 잘 작성하여 목록대로 매일 실천하십시오. 구체적인 스케줄 표를 짜서 지속적으로 실천하십시오. 일일계획은 5명의 고객에게 전화하기, 5번의 확인전화, 3개의 카탈로그 보내기 등 간단한 일입니다.

---

## 데몬스트레이션을 계속 추진한다

새로운 회원들을 위해 데몬스트레이션을 지속적으로

가지십시오. 그리고 회원들에게 자신의 데몬스트레이션을 주관하는 방법과 더불어 더 많은 데몬스트레이션 일정을 잡는 방법을 가르치십시오. 이때, 제품에 대한 당신의 열정과 진심을 내보여 사람들이 그 제품에 대한 확신을 갖도록 해야 합니다.

당신이 이미 깊이 느끼고 있겠지만, 네트웍 마케팅 회사의 제품은 그 품질이 매우 우수합니다. 그러므로 그 장점을 널리 알리는 것이 사업 기회로 연결되는 사례가 많습니다.

실제로 백 마디의 말보다 한번 제품을 권하여 사용해 보도록 하는 것이 더 효과적인 경우가 많습니다. 따라서 데몬스드레이션의 중요성을 깨딛고 칠저한 연습을 통해 그 기회를 충분히 살리도록 노력해야 합니다.

### 사업에 전념한다

당신은 어디까지나 사업가입니다. 그러므로 다른 일에 우선하여 사업에 많은 신경을 써야 합니다. 사소한 집안 일이나 개인적인 일이 사업에 우선하지 않도록 주의하십시오.

# 제11장
# 사업 시작 후, 63일

　네트웍 마케팅 비즈니스를 시작한 지 두 달이 지났습니다. 당신은 그동안 많은 것을 배웠고 많은 것을 깨달았을 것입니다. 하지만 무엇보다 중요한 것은 당신이 아직 가장 훌륭한 회원을 후원하지 않았다는 점입니다. 당신이 언제 감춰졌던 보물선을 찾게 될지 다이아몬드 광산을 발견할지는 아무도 모릅니다.

　하지만 한 가지 분명한 것은 중단하는 사람만이 실패한다는 사실입니다.

　지금쯤이면 '힘들다'는 생각을 하고 있을지도 모릅니다. 그러나 힘을 내십시오. 네트웍 마케팅 비즈니스에서 밝은 미래가 당신을 기다리고 있습니다.

　분명히 네트웍 마케팅 비즈니스를 통해 성공한 사람들은 많이 있습니다. 그리고 그들이 할 수 있었다면 당신 역시 할 수 있습니다. 그들이 걸어간 길을 분명히 보십시오. 물론 그 길이 유일한 길은 아닙니다. 하지만 그 길은 반드시 당신의 성공에 도움을 줄 것입니다.

기억하십시오.

당신 그룹에서 가장 중요한 핵심 인물은 바로 당신입니다.

당신 자신을 믿고 회사를 믿고 제품을 믿으십시오. 그리고 당신의 꿈을 향해 계속 전진하십시오. 다른 사람이 할 수 있었다면 당신도 분명히 할 수 있습니다.

꿈을 성취하십시오.

## 새로운 사람을 후원한다

이미 수 천 명의 사람들이 네트웍 마케팅에 뛰어들어 후원을 하고 있습니다. 서둘러 성공적인 후원자가 되십시오. 당신이 지금 그것을 하지 않으면 무엇을 할 생각입니까?

네트웍 마케팅은 후원과 제품 이동으로 이루어집니다. 그러므로 당신이 더 많은 제품을 움직이고 더 많은 서비스를 제공할 때, 더 많은 사람들이 혜택을 입게 됩니다.

다른 사람들을 위해 제공할 수 있는 것을 생각하십시오. 그러면 당신의 성공은 폭발적으로 이루어질 것입니다.

## 주간모임을 주관한다

이 단계에서 모임을 열 때에는 전담자들을 설정하여 가능한 한 많은 것을 위임해야 합니다. 그리고 그들이 한 팀이 되어 일을 하도록 합니다. 당신은 그들이 준비한 것을 확인하십시오.

사람들은 보통 행사를 준비하는데 참여하는 것을 좋아합니다. 그러므로 모임을 열 때에는 안내 담당자, 카탈로그와 각종 자료를 준비하는 사람, 제품을 가져오고 전시할 사람, 음악과 장소를 장식할 사람, 다과나 음료를 준비할 사람, 모임장소에 필요한 각종 재료를 준비할 사람 등으로 나누어 책임을 분담시키는 것이 좋습니다.

모임은 가급적 재미있게 진행하되 어디까지나 비즈니스 모임이라는 것을 잊지 않도록 하고 또한 모임에서 얻고자 하는 것이 무엇인지 확실히 알고 있어야 합니다.

## 첫 단계 리더 중, 두 번째 사람을 위해 두 번째 모임을 갖는다

별로 다를 게 없는 모임이 지속적으로 열리더라도 절대로 지루해하거나 언짢은 기색을 보여서는 안 됩니다. 인내심을 갖고 꾸준히 모임에 참석하십시오.

그리고 성공의 패턴을 다루는 데는 확고한 신념을 보여야 합니다. 가르칠 사람은 확실히 가르치고 또한 그 사람이 다른 사람을 가르치게 해야 하는 것입니다.

## 시간을 관리한다

가능한 한 아침에 1시간 일찍 일어나십시오. 주위의 방해를 받지 않는 그 1시간은 가치로 보나 집중력으로 볼 때, 다른 시간의 세 시간에 해당됩니다.

그리고 하루 한 시간은 1년의 15일에 해당되고 당신이 3배의 효과를 거둔다고 했을 때, 1년에 최상의 결과를 가져오는 1,100시간을 이용할 수 있다는 계산이 나옵니다.

우리는 모두 같은 양의 시간을 가지고 있습니다. 그 시간을 충분히 활용하는 방법을 연구하십시오. 결코 서두르고 걱정하고 근심하면서 낭비하지 마십시오.

## 자기 자신과 가족에게 상을 준다

네트웍 마케팅 비즈니스를 시작하면서 당신은 장기, 중기, 단기로 목표를 세웠을 것입니다. 그리고 일일 계획을 세워 하루 하루를 충실하게 보내고 있을 것입니다.

이때, 당신이 설정한 목표를 달성할 때마다 상을 주겠다고 스스로에게 약속하십시오. 예를 들어 아홉 명을 후원했을 때, 가족과 함께 멋진 여행을 떠나겠다고 약속을 했다면 제품을 사용하고 소개하는 일을 당신처럼 하는 사

람이 여덟 명이 있을 때, 정말로 멋진 여행을 떠나도록
하십시오.

그것은 가족에게 뿐만 아니라 당신 자신에게도 커다란
동기부여가 될 것입니다.

---

> ⬆ 다른 사람들을 격려하겠다고 결심하십시오. 약속 일정을
> 체크하고 목표를 점검하십시오. 오늘, 적어도 한 사람을 더
> 기쁘게 해줄 수 있도록 노력하십시오.

---

### 입출금 내역을 관리한다

당신은 사업가입니다. 사업가는 돈 한 푼이라도 정확하
게 기입하고 사용내역을 밝혀야 합니다. 아무리 적은 돈
이라도 효용이 없는 일에 사용하는 것은 바람직하지 못합
니다.

꼼꼼하게 금전을 계산하는 것을 두고 야박하다거나 치
졸하다고 생각지 마십시오. 수치에 정확한 사람만이 자신
이 어디에 있어야 할지를 알게 됩니다.

'가랑비에 옷 젖는다'고 작은 돈을 우습게 알다가는 큰
코 다치기 십상입니다.

특히 사업의 규모가 커질 때를 대비하여 치밀하게 입
출금 내역을 관리하는 습관을 미리 갖는 것이 좋습니다.

## 데몬스트레이션을 발전시킨다

성공라인 사람들을 당신의 데몬스트레이션에 오게 하거나 새로운 회원과 그들이 후원한 회원들을 위한 모임을 가짐으로써 그룹 사람들을 훈련시키십시오.

이러한 활동의 목적은 그들이 자신의 사업을 잘 하도록 훈련하는데 있습니다.

## 예상고객 명단에 이름을 추가한다

예상고객 명단은 꾸준히 지속적으로 정리를 해 나가야 합니다. 이미 당신의 회원으로서 활동하고 있는 사람은 예상고객이 아니라 회원으로 관리해야 하므로 명단에서 제외시키고 모든 고객으로부터 새로운 고객을 소개받아 꾸준히 추가시켜 나가야 하는 것입니다.

따라서 당신의 사업 규모가 커질수록 당신의 예상고객 명단에 추가되는 사람들도 늘어날 것입니다.

## 마케팅 플랜의 다음 단계로 올라간다

새로운 타이틀과 그에 따른 책임을 얻는 것은 당신을 강하게 만듭니다. 성공의 사다리에서 항상 다음 계단으로 오르지 않으면 당신은 결코 정상에 오르지 못할 것입니다.

사업을 꾸준히 진행하다 보면 언제 어느 순간에 다음 단계로 올라서야 할 것인지 알게 됩니다. 만약 그러한 것을 모른다면 업 라인과 상의해도 좋습니다. 그리고 그러한 순간이 다가오면 좀더 분발하여 노력하도록 하십시오.

목표를 눈앞에 두고 여유 부릴 수는 없지 않습니까?

항상 기회를 잘 포착하는 사람이 좀더 빠르게 자신의 목표를 달성하는 법입니다. 그리고 그 기회라고 하는 것은 열심히 노력하는 사람에게 찾아옵니다.

# 제12장
# 사업 시작 후, 70일

꿈을 크게 가지십시오. 전세계에 뻗어 있는 당신의 네트웍을 생각해 보십시오. 당신이 개인적으로 하는 일에는 한계가 있지만 그룹이 하는 일에는 한계가 없습니다.

목표에 매달려 억지로 사업을 진행하려 하지말고 사업 그 자체를 즐기십시오. 사람 만나는 것을 즐기고 사람들과 좋은 제품 그리고 훌륭한 사업기회에 대해 이야기를 나눌 수 있음을 기뻐하십시오.

## 새로운 사람을 후원한다

당신이 후원을 그만두면 그룹 사람들은 후원의 중요성을 잊어버립니다. 그리고 그룹 사람들은 당신이 훈련에 집중하는 것을 보고 당신을 복제하여 후원을 중지하고 현재 있는 사람들을 훈련시키는데 몰두합니다.

물론 활동적이고 성장하는 그룹을 원한다면 집중적으로 훈련을 실시할 수도 있습니다. 하지만 그럴 때일지라도 후원을 멈춰서는 안 됩니다.

네트웍 마케팅 비즈니스를 선택함으로써 얻게 되는 혜택을 말하십시오. 어떠한 설명을 하든 회사가 늘 주는 혜택을 말하십시오. 따라서 당신은 회사와 제품이 주는 혜택을 잘 알고 있어야 합니다.

### 주간 모임을 주관한다

이제 모임은 당신 개인의 성격을 띠게 됩니다. 왜냐하면 당신은 이제 리더이기 때문입니다. 그렇게 주간 모임이 성장하게 되면 후원의 목적보다는 훈련과 동기를 부여하는 모임으로 발전하여 새로운 회원들이 모임에 활기를 불어넣게 됩니다.

그러므로 늘 새로운 회원들이 참석하도록 해야 합니다.

모임을 위해 충분한 준비를 하십시오. 그리고 당신의 예상고객들에게 많이 이야기를 시키십시오. 그렇게 하면 상대가 무슨 생각을 하고 무엇을 원하는지 또한 당신이 상대에게 무엇을 해줄 수 있는지를 알 수 있습니다.

어디까지나 당신은 사업에 대한 열정을 드러내야 합니다. 간혹 당신이 아무리 열심히 설명을 해도 설명 내용에 대해 충분히 알아듣지 못하는 예상고객을 만날 수도 있습니다. 하지만 그러한 사람도 당신이 사업에 쏟는 열정은 충분히 감지할 수 있습니다.

확신을 가지십시오. 그리고 그 확신을 예상고객에게 전염시키십시오.

### 첫 단계 리더 중, 두 번째 사람을 위해 세 번째 모임을 갖는다

이제 그 리더의 그룹은 깊이와 힘을 가지고 있습니다. 그러므로 이제 걷는 연습을 시작해야 합니다. 그리고 다음 주에는 그 사람이 직접 할 수 있도록 기회를 주십시오. 스스로 깨우치는 것이 가장 학습효과가 높습니다.

### 미래의 리더가 될 첫 3~4명의 목록을 만든다

이제 당신의 목표는 당신과 그룹 사람들이 다음 단계로 승진하는 것입니다. 지금까지 당신은 올바른 방법으로 사업을 진행해 왔으므로 당신은 목표로 했던 지점에 와있을 것입니다. 그리고 3~4명이 움직이는 그룹은 가장 능률적으로 함께 일할 수 있는 숫자입니다.

계속해서 앞으로 나아가는 사람은 밀어주고 그만두는 사람의 빈자리는 채우도록 하십시오.

일단 당신이 리더를 만들기 시작하면 모든 사람들이

자신을 리더로 만들어줄 것을 기대하게 됩니다. 스스로 리더가 되겠다는 강한 의지를 보이는 사람을 더욱더 지원하십시오. 이때, 주의할 것은 당신이 후원활동을 멈춰서는 안 된다는 점입니다. 당신이 후원을 그만두면 많은 사람들이 자신의 후원 목표를 달성하지 못할 것입니다.

### 3~4명을 집중 후원하는 법칙을 당신의 그룹에 적용한다

이제 당신의 목표는 그룹에 뿌리를 내리는 것입니다. 당신이 후원한 사람 중에서 열정을 보이는 3~4명을 선택하여 그들을 리더로 만들었다면 그 리더는 다시 3~4명의 리더를 낳고 그 리더가 다시 3~4명의 리더를 낳는 과정이 연속될 것입니다. 그리고 당신의 네트웍은 전국으로 뻗어나갈 것입니다.

상상해 보십시오.

당신을 정점으로 하여 수많은 사람들이 함께 한 방향을 바라보며 일한다는 것을!

> ⬆ 지속적으로 매달 30만원 이상의 제품을 이동시키는 사람, 열심히 제품을 이동시키면서 당신을 복제하는 사람, 사업을 열심히 하는 사람, 열심히 세미나에 참석하는 사람, 스스로 두 명 내지 세 명을 후원하는 사람, 말만 앞세우는 것이 아니라 행동하는 사람을 리더로 키우도록 하십시오.

### 뿌리내리기를 관찰한다

당신의 그룹 사람들이 열심히 사업을 전개할지라도 늘 그들의 사업내용에 대해 관심을 기울이십시오. 항상 더 좋은 방법이 생기게 마련입니다. 만약 더 좋은 방법이 생긴다면 즉각 개선하도록 하십시오.

사람들은 언제나 당신을 지켜보고 있으며 당신의 행동과 성장에 영향을 받습니다. 당신은 리더입니다. 늘 이것을 잊지 말고 솔선 수범해야 합니다.

### 제품과 사업설명 훈련을 한다

당신의 그룹에는 이제 제품에 대한 지식과 사업설명에 있어서 여러 난계가 형성되어 있을 것입니다. 그들에게 계획하고 훈련하는 일 이상의 일을 할 수 있도록 기회를 주면 당신 그룹의 사람들이 그들을 따르게 될 것입니다.

그리고 당신은 그들의 리더가 됩니다.

그것이 바로 당신의 목표입니다. 반드시 리더의 리더가 되십시오. 그 대가는 엄청난 것입니다.

### 성공에 대한 의지를 다진다

네트웍 마케팅 회사는 노력에 대한 대가를 정확히 지불합니다. 일반 회사처럼 8시간을 일하든 9시간을 일하든

정해진 봉급만 나오는 것이 아니라, 당신이 일한 만큼 한 푼의 에누리 없이 돌려주는 것입니다.

당신이 속해 있는 회사만큼 당신의 노력에 대해 보상을 해주는 회사는 없습니다. 당신의 결의와 계획 그리고 목표를 재검토하십시오.

항상 미래를 향해 전진하는 당신 자신을 돌아보며 열정을 불태우십시오.

### 사업의 진전상태를 점검한다

당신은 지금까지 몇 명을 후원했습니까?

당신은 지금까지 몇 번의 모임을 가졌습니까?

당신의 그룹에는 몇 명의 회원이 속해 있습니까?

당신은 여분의 제품을 얼마나 가지고 있습니까?

10주일 동안 당신은 얼마나 발전했습니까?

21세기가 제공하는 최고의 기회에 몸담고 미래의 멋진 라이프사이클을 위해 노력할 수 있다는 사실에 감사하십시오. 당신이 지금까지 해온 대로 꾸준히 지속한다면 당신은 반드시 성공자의 반열에 올라설 것입니다.

### 수입의 근원을 발전시킨다

당신에게 여분의 제품이 없을 만큼 오랫동안 사업을

하지 않았거나 여분의 제품을 구입할 돈이 없다면 돈을 구해 제품을 충당하십시오. 약간의 여유 제품을 갖는 것은 또 다른 면에서 볼 때, 저축계좌라고 할 수 있습니다. 이것은 당신에게 커다란 이익을 가져다줄 것입니다.

거듭 강조하지만 네트웍 마케팅은 제품을 이동시키고 후원을 하는 것으로부터 수입이 발생합니다. 그러므로 당신은 우수한 제품을 친한 이웃이나 친구에게 권하여 함께 나눠 쓰는 일을 꾸준히 지속해야 합니다. 그렇다고 그 일이 어려운 것은 아닙니다. 한번 당신 회사의 제품을 사용해본 당신의 고객들은 제품의 우수성을 알고 또다시 선택할 것이기 때문입니다.

당신이 한 사람을 후원하면 당신은 그에게 미래가 보이는 엄청난 기회를 제공한 셈입니다. 자신감을 갖고 좀 더 많은 사람들에게 미래의 꿈을 실현할 방법을 알려주십시오.

# 제13장
# 사업 시작 후, 77일

당신이 강한 의지를 다지고 있다면 원하는 수입을 올리는데 필요한 도움을 받게 될 것이며 또한 다른 리더들과 같은 대우를 받을 것입니다. 네트웍 마케팅 비즈니스에서 수입을 올리는 가장 빠른 방법은 제품을 이동시키는 것이고 또한 다른 사람들이 제품을 이동시키도록 하는 데 있습니다.

리더가 되는 것을 즐거워하고 당신의 지지와 도움으로 리더가 된 사람들을 보는 것을 더욱더 즐거워하십시오. 만약 당신이 그룹을 위한 프로그램과 동기를 부여하는 일을 업 라인에게 기대한다면 당신은 리더가 아닙니다.

강한 결심을 하십시오.

당신의 각오는 당신이 하고자 하는 의도와 말한 것을 실행하려는 결의를 말합니다. 당신이 후원을 지속하고 제품을 이동시키며 훈련 모임에 참석하고 성장 세미나에 참석할 때 그리고 당신이 읽은 책과 듣고 있는 테이프에 대해 업 라인과 성공 라인에게 이야기할 때 진정한 리더가 될 수 있습니다.

자신감을 갖고 꿈을 향해 정확히 나아가십시오.

당신이 꿈꿔 왔던 삶을 위해 노력할 때, 성공은 전혀 기대하지 않던 순간에 찾아옵니다.


## 훌륭한 모범을 보인다

이미 많은 사람들이 호기심 어린 눈으로 혹은 뭔가 기대하는 눈빛으로 당신을 바라보고 있습니다. 즉, 당신은 많은 사람들의 주목을 받고 있는 것입니다.

모범을 보이도록 하십시오. 당신의 행동 하나 하나 언어, 자세는 그대로 성공 라인들에게 전해집니다. 이것은 곧 당신이 모범적인 자세를 보이면 그들 또한 그것을 그대로 복제한다는 것을 의미합니다.

당신의 사업적인 자세가 다음의 세 가지를 충족하는지 살펴보십시오.

첫째, 당신의 사업 아이디어를 실제로 사업에서 사용할 수 있는가?

둘째, 사업 아이디어를 사용하는 것에 따른 부작용은

없는가?

셋째, 그 사업 아이디어가 간단하고 특수한 재능이나 훈련 없이 어떤 배경을 가진 사람도 빨리 모방할 수 있는 가?

늘 당신의 자세를 체크하고 보다 훌륭한 아이디어, 보다 빠르게 복제할 수 있는 사업 자세를 보이도록 노력하십시오.

리더의 자세를 보여주십시오.

성공자의 모습을 보여주십시오.

## 능력 있는 사람을 첫 단계로 후원한다

이 난세에 이르면 당신은 선입관을 갖고 사람들을 판단하면 안 된다는 것을 어느 정도 깨닫게 됩니다. 절대로 숫자를 채우기 위해 후원하지 마십시오. 당신이 원하는 타입의 사람들을 염두에 두고 사람을 찾아 나서십시오. 그리고 즉시 가입하려는 사람들을 위해 항상 후원에 필요한 자료를 갖고 다니십시오.

후원을 할 때에는 각각의 개성과 스타일에 맞는 적절한 말을 사용하면 좋은 결과를 얻을 수 있습니다. 그러므로 지금 하고 있는 방법이 잘 되지 않는다면 다른 방법을 시도해 보십시오. 그리고 당신이 하고 있는 일에 열정과 믿음을 가지십시오. 그렇지 않으면 효과적으로 정직하게 사업의 기회에 대해 이야기할 수 없게 됩니다.

간혹 후원을 하면서 일이 꼬인다거나 앞이 안 보이는 상황을 맞을 수도 있습니다. 하지만 인내하고 노력하십시오. 그러면 어느 순간 갑자기 길이 열려 모든 것이 잘 풀려나갈 수 있습니다. 절대로 포기하지 마십시오.

당신이 노력하는 만큼 그룹이 성장합니다. 그룹을 폭발적으로 키우려면 먼저 당신 자신이 폭발적이 되어야 합니다.

## 주간모임을 주관한다

주간모임의 목표는 어디까지나 당신과 같은 혹은 더 좋은 리더를 찾는데 있습니다. 그리하여 그룹을 만드는 것입니다. 그러므로 최대한 아이디어를 발휘하도록 하십시오. 예를 들면 다른 리더들에게 서로 모임을 부탁하여 새로운 아이디어와 방법을 발견하도록 하는 것도 좋습니다.

아이디어 하나가 사람들에게 활력을 주고 그 활력이 그룹의 성장에 커다란 힘이 될 수 있습니다. 결코 모임을 소홀히 하지 마십시오. 그리고 늘 깨어있는 모습, 활기 있는 모임을 만드십시오.

## 약간의 여유 제품을 갖춘다

지금 당신은 11주 째 네트웍 마케팅 사업을 전개하고 있습니다. 그리고 여기에서 제시하는 방법대로 올바르게 전개해 왔습니다. 그렇다면 이 단계에서 당신은 서서히 여유 제품을 늘려갈 필요가 있습니다.

다음의 핀 레벨로 올라가는데 도움이 되도록 필요한 여유 제품을 유지하십시오. 물론 이때에는 개인의 재정적인 상황, 당신 그룹의 매출액, 주문에서 배달까지의 시간, 당신이 제품을 이동시키는 능력 등 여러 가지 조건들을 고려해야 합니다.

하지만 재주문을 받는 일에는 시간과 비용이 들어가므로 충분한 여유 제품을 삿고 있어야 하며 주분 과정도 잘 익혀 두어야 고객에게 약속을 정확히 지킬 수 있습니다.

## 첫 단계 리더 중, 세 번째 사람을 위해 첫 번째 모임을 갖는다

당신에게는 항상 다음 단계에 오르도록 당신이 훈련시키는 사람이 있어야 합니다. 그러한 방법으로 당신은 성공패턴을 만들 수 있으며 당신만의 고유한 스타일을 만들 수 있습니다. 그리고 그 모든 것을 진실과 열정을 갖고 해야 합니다.

이 모임을 이용하여 당신은 첫 단계 사람들을 리더로

만들어야 하며 그 사람들이 그룹을 만들도록 도와주어야
합니다.


## 장기적인 목표를 세운다

당신에게는 이미 장기적인 목표가 있을 것입니다. 하지
만 그것을 머리 속으로 생각만 하는 것은 아무런 의미가
없습니다. 모든 목표는 기록하십시오.

그리고 목표에 해당하는 그림이나 사진을 구하십시오.
그것을 매일 볼 수 있는 위치에 붙여두고 당신의 열정에
불을 붙이도록 하십시오. 당신이 원하는 삶을 살고 있는
당신을 꿈꾸십시오. 당신은 반드시 그렇게 살 수 있습니
다.


## 믿음을 준다

당신의 성공라인이 당신을 믿지 못하면 그 그룹은 지
속해서 존립하기가 힘들어집니다. 그러므로 사람들에게
불신감을 심어주지 않도록 주의하십시오.

당신이 사람들에게 하겠다고 말한 것은 반드시 실천하
도록 하십시오. 절대로 이런저런 이유를 대지 마십시오.
실패한 사람들 대부분은 자신이 말한 것을 지키기 위해
노력하지 않았습니다.

⬆ 당신의 성공라인이 뉴스레터를 쓰도록 하고 싶으면 당신이 먼저 뉴스레터를 쓰십시오. 성공라인이 후원하기를 원한다면 당신이 먼저 후원하십시오. 성공라인이 제품을 이동시키기를 원한다면 당신이 먼저 제품을 이동시키십시오.

## 부정적인 말은 하지 않는다

불평불만을 토로하지 마십시오. 만약 마음 속에 불만이 가득 차 있다면 그것을 혼자서 삭이십시오. 절대로 입밖에 내뱉어서는 안 됩니다.

목표를 이룰 수 있을지 없을지 의심스러울 때는 그 심정을 말로 표현하지 마십시오. 말이 씨가 된다고 그것은 의욕을 꺾고 맙니다.

특히 리더의 입장에 있는 업 라인의 말은 성공라인에게 커다란 영향을 미칩니다. 물건은 사람의 몸에 상처를 내지만, 나쁜 말은 사람의 마음에 상처를 내기 때문입니다. 그러므로 업 라인은 절대로 부정적인 말을 하면 안됩니다. 만약 긍정적으로 말할 수 없을 때에는 차라리 말을 하지 마십시오. 타인을 비난하거나 부정적인 말을 하는 사람이 성공한 사례는 극히 드뭅니다.

가장 좋은 자세를 지니십시오.

실패에 대해 절대로 말하지 마십시오. 네트웍 마케팅 비즈니스에서 실패란 없습니다. 다만, 포기하는 자가 있을 뿐입니다.

### 대화 연습을 한다

네트웍 마케팅 비즈니스에서 '말'은 굉장히 중요한 역할을 담당합니다. 특히 효율적인 대화는 결정적인 요소가 됩니다. 그러므로 당신 그룹과의 대화 방법을 발전시키십시오.

즉, 시기 적절한 전화, 뉴스레터, 개인적인 인터뷰, 정보의 전달, 자신에게 충실한 것, 다른 사람을 능력 있는 리더로 대우하는 것 등의 자세가 필요한 것입니다.

다른 사람을 대할 때, 그가 당신을 위해 해주었으면 하고 바라는 만큼 그 사람에게 해주십시오. 그러면 당신이 원하는 것도 얻을 수 있을 것입니다.

### 당신은 할 수 있다

당신이 성공하느냐 하지 못하느냐를 결정하는 요인은 오직 당신뿐입니다. 네트웍 마케팅에서는 세 종류의 사람을 볼 수 있습니다. 성취하는 사람, 성취되는 것을 바라보는 사람 그리고 '무슨 일인가?' 하고 두리번거리는 사람이 그들입니다. 당신은 어느 부류에 속합니까?

사업에 대한 필요성을 인식하십시오. 당신이 정해 놓은 날짜에 특정한 일을 할 수 있도록 도전하십시오.

당신은 할 수 있습니다.

# 제14장
# 사업 시작 후, 84일

성공한 사람들은 자기 계발을 통해 자신을 발전시킨 사람들입니다. 당신의 그룹에 있는 사람들을 직접 훈련시키십시오. 새로운 회원이 후원을 적극적으로 하지 않는 다른 사람에게 후원방법을 배우길 원합니까? 새로운 회원은 가르치는 대로 따라서 합니다.

많은 시간을 들여 후원한 사람들이 사업도 하지 않고 연락도 하지 않으며 게다가 제품의 이동에 전혀 관여하지 않는다면 그 동안 들인 노력과 시간은 물거품이 되고 맙니다.

오늘 시작해야 할 일을 알려주십시오. 그리고 그들에게 먼저 기대치를 부여하십시오.

이제 당신은 나름대로 더 좋은 방법 더 빠르게 일하는 방법을 터득했는지도 모릅니다. 하지만 당신에게 가장 큰 도움이 되는 것은 업 라인을 복제하는 것입니다. 업 라인이 거둔 성공을 직시하십시오. 그리고 성공적인 훈련과정을 만든 후에는 그것을 바꾸지 마십시오.

특히 제품 교육에 집중적인 노력을 기울이십시오. 제품이 주는 혜택을 가르치십시오. 성공라인들이 제품에 매료되면 다른 일도 성실히 하게 될 것입니다.

가능한 한 훈련과정은 간단하게 만들고 기본적인 내용들을 충실히 다루십시오. 사람들과 함께 일하고 그들을 훈련시키십시오. 정해진 과정을 변경하고 기본적인 단계를 무시하면 길을 잃게 됩니다.

## 새로운 사람을 후원한다

후원에서 중요한 것은 꾸준히 지속해야 한다는 것입니다. 그리고 부자가 되는 최상의 방법은 당신의 노력을 증가시킬 수 있는 훌륭한 그룹을 갖는 것입니다.

계속해서 새로운 사람들을 만나십시오.

그들은 당신의 사업에 활력을 줄 것입니다.

## 정기적으로 주간모임을 갖는다

네트웍 마케팅에서 성공을 한 많은 리더들은 그들의 성공을 매주 갖는 모임을 통해 이루었습니다. 그만큼 그 모임은 중요한 것이며, 당신 그룹의 기초이자 지주입니다. 모임에 충실하십시오.

## 제품의 샘플을 나눠준다

12주 정도에 이르면 매일 제품을 샘플로 나눠주는 것이 좋습니다. 샘플을 주는 사람에게는 당신이 이 세상에서 가장 위대한 사업의 매니저로서 이 제품을 주고 있는 것이라고 설명하십시오.

그리고 지속적으로 한 달에 한 주일 정도는 매일 샘플을 통한 광고를 하십시오. 반드시 재미있는 결과를 얻게 될 것입니다.

제품을 직접 써 보고 난 후의 사람들의 반응은 확연히 차이가 날 것입니다. 왜냐하면 당신이 관계하고 있는 네트웍 마케팅 회사의 제품은 그 품질이 타의 추종을 불허하기 때문입니다.

## 연봉 5천만원짜리 사업을 한다고 생각한다

당신이 3~4명의 리더 명단을 계속 유지할 수 있다면, 당신은 연봉 5천만원의 수입을 쉽게 얻을 수 있을 것입니다. 그리고 또 다른 성공라인이 리더의 자격을 갖출 때마다 당신은 바빠지고 행복해지며 번영을 누리게 될 것입니다.

## 늘 한달 앞서 계획한다

당신이 정기적인 모임 계획을 작성하고 그것을 늘 한 달 앞서 계획한다면, 당신의 성공라인은 조직적으로 일할 수 있을 것이며 업 라인 시간의 중요성을 더욱더 잘 인식할 수 있을 것입니다.

그리하여 당신 그룹의 모임은 더욱더 활성화되고 그 효과 또한 뛰어날 것입니다.

## 오후 7~11시 사이를 활용한다

사람들은 대부분 이 시간에 하루의 일과를 마치고 편 안하게 개인적인 생활을 합니다. 그 시간에 사람들과 접 촉하십시오. 마음이 편안해야 상대방의 의견을 받아들일 확률도 높아지는 것입니다.

자기 일로 인해 골머리를 썩고 있거나 바빠서 어찌해 야 할지 모르는 사람에게는 아무리 좋은 이야기도 '소 귀 에 경 읽기'가 되고 마는 것입니다.

늘 이 시간을 상기하도록 눈에 잘 띄는 곳에 붙여두고 가장 효과적으로 사용할 방법을 연구하십시오. 즉, 사람 의 개성에 맞게 어떤 말, 어떤 제품, 어떤 스타일로 접근

해야 하는지 연구해야 하는 것입니다.

## 핀 레벨에 오른 리더와 모임을 갖는다

다른 모임은 보통 긍정적인 방향으로 흐르고 긍정적인 말, 긍정적인 태도를 보여야 하지만 이 모임에서는 여러 가지로 그룹 내에서 해결해야 할 일에 대해 이야기를 나누게 됩니다.

당신이 사업을 할 때 느꼈던 고충이나 어려움을 토로하여 서로간의 아이디어를 공유하도록 하십시오. 그리고 이 모임을 건설적으로 이끌도록 하십시오. 즉, 사업을 하면서 느끼는 혹은 경험한 내용을 기탄 없이 말하도록 하되 늘 좋은 결론을 맺어 다음의 활동에 활용할 수 있도록 해야 하는 것입니다.

그룹의 활성화를 위해 갖게 되는 리더들의 회합은 강력한 지도력을 지닌 그룹으로 성장하는 모태가 됩니다.

## 자투리 시간을 활용한다

여유 시간을 잘 활용하십시오. 당신은 무척 바쁩니다. 정해진 스케줄에 매여 언제 하루가 지나갔는지 모를 수도 있습니다.

자투리 시간을 활용하십시오. 운전하는 시간에는 테이

프를 듣고 점심을 먹으며 면담을 하는 것도 좋습니다. 그리고 엘리베이터에 있는 시간, 줄을 서는 시간, 여러 가지 교통편으로 이동하는 시간에 사람들과 사업에 관한 대화를 나누도록 하십시오.

# 제15장
# 사업 시작 후, 91일

이제 당신이 직접 후원한 사람은 일주일에 한 명씩 12명이 되었습니다. 당신은 위대합니다.

회원들 중에 이러한 업적을 이루는 사람은 채 1%도 안됩니다. 하지만 당신은 해냈습니다. 이제 당신의 그룹은 뿌리내리기를 통해 12명이 60명으로 성장하게 됩니다.

당신의 후원은 꾸준히 지속되고 이 단계에서 당신의 목표는 성공적인 회원을 만드는 일과 그룹 총 매출을 증가시키는데 있습니다.

당신은 당신의 미래를 책임지는 유일한 사람입니다. 따라서 그 누구보다 당신 스스로 성공자가 되겠다고 강하게 원해야 합니다. 그리고 행동이 말보다 더 큰 메시지를 전달한다는 점을 명심하십시오.

사업설명을 통해 사람들에게 자신감을 주십시오.

아무도 당신의 미래를 조정하지 못하게 하십시오.

자기 계발에 관한 책을 30권 이상 읽으십시오.

단 하루 혹은 일분이라도 평범한 사람으로 남지 않겠다고 결심하십시오.

미국에서 일주일에 40시간을 40년간 일한 사람이 정년 퇴직하여 65세에 이르렀을 때, 어떠한 삶을 살고 있는지 아십니까?

그 중에서 36%는 이미 이 세상 사람이 아닙니다. 그리고 59%는 가족이나 친척, 친구들의 도움과 국가의 보조 없이는 생활할 수 없습니다. 또한 4%는 어느 정도 경제적 기반을 닦아 놓아 혼자의 힘으로 충분히 생활을 할 수 있습니다. 그리고 나머지 1%는 경제적으로 자립하여 아무런 도움도 받지 않고 아무런 불편도 없이 생활할 수 있습니다.

당신은 어떠한 삶을 살고 싶습니까?

당신이 현재 걷고 있는 그 길은 당신을 그 5% 이내에 들도록 해줄 것입니다.

주어진 기회를 충분히 활용하십시오. 결코 주저하거나 망설이지 말고 좌절하지도 마십시오. 절대로 포기하지 마십시오.

네트웍 마케팅을 하면 당신은 당신의 권리 중에서 가

장 소중한 권리 즉, '자유'를 가질 수 있습니다.

당신이 당신에게 기대하는 것 이상으로 기여를 한다면 당신의 기회는 무한합니다. 즉, 다른 사람을 상위 단계에 오르게 함으로써 당신이 네트웍 마케팅에서 상위 단계에 오르는 것입니다.

성공자가 되는 가장 빠른 길은 성공자의 자세를 갖고 일하는데 있습니다.

포기하지 말고 기회를 잡으십시오.

긍정적으로 생각하고 열심히 배우십시오.

스스로 동기를 부여하고 넘어져도 다시 일어서십시오.

어려울지라도 스스로 선택한 길을 믿으십시오.

승리자로서의 자세를 유지하십시오.

약점을 인정하고 강점을 강하게 하십시오.

매일 스스로 일을 시작하십시오.


### 새로운 사람을 후원한다

사람들에게 이렇게 말하십시오.

"나는 열정을 지니고 있는 사람을 찾고 있습니다. 당신이 알고 있는 사람 중에서 가장 열정이 강한 사람은 누구입니까? 긍정적인 자세와 생각을 갖고 있는 사람은 누구입니까? 그리고 돈을 더 벌기를 원하는 사람은 누구입니까?

성공적인 네트웍 마케팅에는 종업원이 없고 정해진 업무 시간이 없으며 출납관리를 해야 하는 것도 아닙니다. 또한 많은 투자가 요구되지도 않으며 경험 및 특별한 교육이 필요한 것도 아닙니다.

네트웍 마케팅 비즈니스는 매우 간단합니다. 그리고 모든 준비가 갖춰져 있습니다. 사업의 속도와 정기적으로 매주 사업에 투자할 시간을 정하십시오. 모든 사람에게 같은 조건이 주어집니다.

이 일은 무척 흥미롭습니다. 즐기면서 돈을 버는 것을 생각해 본 적이 있습니까? 마음을 여십시오."

## 주간모임을 주관한다

네트웍 마케팅에서 사람들은 인정받는 것으로 성취감을 느끼게 됩니다. 그러므로 모임에서는 당신이 도와준 사람들과 다음 레벨로 올라간 당신이 서로 인정을 해주고 인정을 받아야 합니다. 당신은 '리더가 되는 3개월 플랜'이 성공적이라는 것을 입증하였고 이제 가속도로 발전할 수 있는 길이 만들어진 것입니다.

당신의 성취에는 끝이 없을 것입니다.

### 첫 단계 리더 중, 세 번째 사람을 위해 두 번째 모임을 갖는다

정기적으로 모임을 갖는 것은 네트웍 마케팅의 성공에 기초가 됩니다. 그리고 모임이 열릴 때에는 최소한의 투자를 통해 모임에 활력을 불어넣도록 하십시오.

이 단계에서 당신은 당신이 벌어들인 수입에서 적어도 50만원 내지 1백 만원 정도의 여유 제품을 가질 때까지 사업에 재투자해야 합니다. 이러한 재투자는 세계에서 가장 많은 이자를 주는 계좌입니다. 당신은 그 여유 제품을 두 달 안에 현금으로 만들 수 있습니다.

### 제품 소개 요령을 가르친다

훌륭한 회원은 매달 25,000원이나 50,000원 어치의 제품을 구입합니다. 당신의 성공라인에게 이야기를 할 때, 자연스럽게 제품의 이동에 초점을 맞추십시오.

모든 대화를 제품 소개의 기회로 삼도록 하십시오. 당신이 잘할 수 있는 방법을 모두 동원하십시오. 당신이 그룹 회원의 가정방문 혹은 홈파티를 잘 할 수 있고 당신도 그렇게 하기를 원한다면 그렇게 해도 좋습니다.

이때, 다른 리더들이 방법을 바꾸도록 요청해서는 안 됩니다. 모든 것은 복제가 가능해야 하는 것입니다.

## 하루에 20분간 책을 읽는다

하루에 최소한 20분간 책을 읽으십시오. 특히 당신이 읽어야 할 책은 업 라인이 추천한 것이어야 합니다. 처음에는 책 읽는 습관을 붙일 목적으로 하루에 20분씩 독서를 하십시오. 그것을 한 달간 지속하면 보통 두께의 책을 한 권 읽을 수 있을 것입니다.

그리고 1년이면 12권이 됩니다.

그 12권이 당신의 인생에 그리고 네트웍 마케팅에서의 성공에 얼마나 커다란 영향을 미치는지 당신이 직접 경험해 보십시오.

사실, 평범한 사람이 한 가지 일에 집중할 수 있는 시간은 25분이라고 합니다. 그러므로 긴 시간을 할애하는 것보다 단기간에 집중하여 책을 읽는 것이 보다 효과적입니다.

> **↑ 왜 책을 읽어야 할까요!**
> 그것은 비교적 단기간에 여러 가지 지식과 지혜를 습득하는 최고의 방법이기 때문입니다. 처음부터 모든 것을 혼자 해낼 수는 없습니다. 책을 통해 간접경험을 하십시오.

## 당신은 훌륭하다

지금까지 3개월 플랜을 지속하면서 당신은 당신 자신과 다른 사람들을 위해 훌륭한 모범을 보여주었습니다. 하지만 여기가 끝이 아닙니다. 당신은 이제 성공자의 대열에 올라서기 위해 기초를 닦은 것입니다.

꾸준히 지속하십시오.

그리고 당신의 성공라인에게 꾸준히 지속하는 자세의 가치에 대해 가르치십시오.

이제 이 단계에서는 당신이 성취하는 것을 나타낼 수 있는 조직 차트를 만드십시오. 그리고 당신 그룹이 성취하는 것을 나타내는 조직 차트도 만드십시오.

당신은 당신 그룹의 매출이 어디에서 나오는지 늘 알고 있어야 합니다. 왜냐하면 당신 그룹이 당신의 매출을 좌우하지 않도록 해야 하기 때문입니다.

당신은 좋은 선택을 했습니다!

## 제16장
# 1년 안에 달성해야 하는 일

만약 당신이 3개월 플랜을 성공적으로 마쳤다면 다음에서 제시하는 내용들을 이미 시행하고 있을 것입니다. 하지만 그렇지 못한 상황이라 할지라도 결코 실망하지 말고 좀더 시간과 노력을 투자하여 꾸준히 지속하십시오.

네트웍 마케팅은 결코 하루아침에 돈벼락을 맞게 해주는 사업이 아닙니다.

최소한의 시간과 노력을 투자해야 합니다. 그러므로 만약 당신이 3개월 플랜에서 못 다한 계획이 남아 있다면, 1년 안에 다음의 목표들을 달성하도록 하십시오.

당신은 충분히 할 수 있습니다.

### 정기적인 고객 15명을 확보한다

정기적으로 제품 이동을 도와주는 고객을 15명 확보하

십시오. 물론 어떤 할당량이 주어지거나 달성해야 하는 최종 기한이 있는 것은 아닙니다. 그리고 고객의 숫자가 많다고 하여 이 사업에서 성공할 수 있는 것도 아닙니다. 하지만 이 사업에서 성공하려면 어디까지나 제품의 이동이 일어나야 합니다.

고객들과 오랫동안 관계를 유지하는 비결은 제품을 다 썼을 무렵 전화로 주문을 받거나 신제품이 나오면 알려주는 등 세심한 사후 봉사를 하는 것입니다. 그렇게 하지 않으면 고객은 아무런 망설임 없이 타사 제품을 선택해 버리고 말 것입니다.

---

**⬆ 왜 15명을 확보해야 할까요?**

예를 들어 당신 그룹에 100명의 사업자가 있는데 이들이 각각 15명의 고객을 확보하고 있다면 그룹 전체적으로 1,515(101×15)명의 고객이 있는 셈입니다. 따라서 이들이 평균 10,000원 어치만 사용해도 한 달에 1,515만원 어치의 제품 이동이 일어납니다. 만약 고객들이 10만원 어치 이용한다고 가정해 보십시오. 그 수치는 엄청난 것입니다.

---

## 가능한 한 빨리 첫 단계 12명을 후원한다

그룹의 범위를 종적으로 확장하는 과정은 6~12개월

동안 15~20명의 프론트라인 사업자를 후원하는 것으로부터 시작됩니다. 그리고 그 중에서 열정을 지니고 후원활동이 가능한 사람을 3~4명 발굴하여 열심히 지원해주면 그들로부터 그룹의 뿌리가 내리게 됩니다.

---

↑ 왜 6~12개월 동안 프론트라인 사업자를 15~20명을 후원해야 하는 것일까요?
왜냐하면 성공자들이 스폰서한 사람에게 그룹 리더의 조건을 가르치면 그 중에서 약 30%가 리더로 성장하기 때문입니다.

---

당신이 3개월 플랜을 통해 열심히 훈련한 3~4명의 리더 중에서 적어도 한 명은 사업을 열심히 합니다. 그리하여 그 리더를 통해 그룹의 뿌리가 내리기 시작합니다.

---

↑ 그렇다면 3~4명을 발굴해야 하는 이유는 무엇일까요?
만약 당신이 부업으로 네트웍 마케팅을 전개한다면 시간적·체력적으로 3~4명을 돕는 것이 최선이기 때문입니다.

---

하지만 당신은 여기에서 멈춰서는 안 됩니다. 매주 한 명을 후원하는 것을 목표로 하여 꾸준히 후원을 지속하십시오. 당신이 모범을 보이면 리더들도 자신이 하는 일에 자신감을 갖게 됩니다.

## 집에서 정기적으로 주간모임을 갖는다

집에서 정기적으로 주간모임을 한번 갖는 것은 당신 자신을 위해 좋은 훈련 기회가 될 뿐만 아니라, 그룹 사람들을 후원하고 동기를 부여하는 기회가 됩니다. 또한 회원들이 자신의 예상고객을 데려오는 기회도 됩니다. 이때, 참석자의 숫자가 적다고 하여 절대로 모임을 취소해서는 안 됩니다. 그러면 당신의 사업은 미래가 밝지 못합니다.

## 첫 번째 리더십 레벨에 올랐을 때…

당신이 첫 번째 리더십 레벨에 오르면 제품의 확보는 물론이고 장려금과 매출에 대한 기록을 해야 합니다. 작은 규모일 때 사업에 관련된 사항을 잘 배워 큰 규모로 성장했을 때에도 활용할 수 있도록 해야 하는 것입니다.

그리고 더 좋은 모임을 만들려는 노력을 지속하십시오. 그 모임에서 리더가 되는 3개월 플랜을 가르치십시오.

## 성공라인이 리더가 되도록 돕는다

열정적인 사람을 찾아 그 사람이 다음 레벨로 올라가도록 도와주십시오. 열정적인 사람은 쉽게 알아볼 수 있습니다. 이때, 그다지 자신 없어 하는 회원에게는 시도해 보도록 격려하는 것이 좋으며 절대로 강요하지 마십시오. 당신이 먼저 모범을 보이면서 그대로 따라 하도록 하는 것이 가장 좋은 방법입니다.

만약 의욕적인 사람이 많지 않다면 마지못해 하는 회원을 억지로 끌고 가려 하지말고 후원에 중점을 두도록 하십시오. 최선을 다해 열심히 일하는 사람을 도와주어야 하지만 그렇다고 그들의 일을 당신이 대신 해줄 수는 없습니다. 당신은 다만 어떻게 하는지 보여주고 말해줄 뿐입니다.

인내심을 가지십시오.

그리고 회원의 집에서 혹은 열정을 지닌 사람의 집에서 모임을 가지십시오. 그리고 그들이 직접 시도하도록 아이디어를 제시하고 몇 개월 동안 스스로 해보도록 하여 책임감을 느끼게 하십시오. 그들이 힘들어 할 때에는 격려하십시오.

또한 장기적인 안목으로 사업을 도와주고 일시적인 어려움이 그들의 의욕을 꺾지 않도록 주의하십시오. 그리고 그룹의 평소 필요량을 충족시키기 위해 충분한 여유 제품을 갖추고 정기적으로 주문하십시오.

이제 당신은 그룹 모임이나 뉴스레터 같은 인쇄물을 사용하여 사람들을 훈련시켜야 합니다. 하지만 단순한 회원으로 남고자 하는 사람에게 억지로 사업을 강요하느라 시간을 낭비하지는 마십시오.

## 확실히 뿌리를 내린다

첫 단계 리더들에게 그들의 그룹이 어떻게 확장될 수 있는지를 가르치십시오. 하지만 충분한 시간과 노력을 들인 리더로부터 일정한 결과를 볼 수 없을 때에는 다른 첫 단계 리더 그룹을 위해 당신의 시간과 노력을 투자하는 것이 좋습니다.

당신이 사업계획을 적절히 설명하고 개인적인 격려를 했다면 당신은 충분히 할 도리를 다한 것입니다.

그룹이 커졌을 때, 업 라인 회원들은 자신의 역할을 올바르게 담당해야 합니다. 가능한 한 협조를 잘 하는 회원들과 가깝게 일하고 그들의 노력에 상응하는 도움을 주는 분위기를 형성하십시오.

그리고 새로운 아이디어, 특별 모임 등에 관계되는 일들을 위해 그들의 의견을 들으십시오. 그들이 그룹 내에서 말할 수 있는 기회를 주십시오.

## 장기적인 목표를 세운다

우선 리더를 찾기 위해 사업에 대해 이야기해야 할 사

람들의 숫자를 정합니다. 그리고 당신의 리더십을 수용하지 않거나 스스로 리더십 단계를 밟지 않는 리더들을 지지하고 도와주는 것은 시간낭비에 지나지 않습니다.

1년 안에 당신이 벌고자 하는 월수입의 금액을 정하십시오. 또한 다음 해에 당신이 키워야 할 리더들의 숫자를 정하십시오. 그리고 목표로 하는 수입을 얻기 위해 필요한 그룹의 총 매출액을 늘 체크하고 있어야 합니다. 왜냐하면 그룹 총 매출의 3~8%가 당신의 수입이 되기 때문입니다. 물론 이것은 회사마다 다를 수 있습니다.

당신에게 더 많은 것을 기대하십시오.

## 복제할 수 있는 훈련 시스템을 사용한다

당신이 좀더 많은 경험을 하고 나면 더 많은 훈련의 필요성을 느끼게 될 것입니다. 그러한 방향 설정에 대해서는 업 라인과 상의하도록 하십시오.

네트웍 마케팅에서의 성공은 당신이 일을 얼마나 단순하고 간단하게 처리하느냐에 비례합니다. 즉, 많은 사람들이 당신의 발자취를 따를 수 있어야 하는 것입니다. 당신이 복잡하거나 까다로운 사업태도를 보이면 당신은 사업을 해나가면서 많은 사람을 잃게 될 것입니다.

사업을 단순하게 만드십시오.

당신의 성공라인들이 당신을 따르는데 있어서 복잡한 일로 인해 흥미를 잃지 않도록 하십시오.

이러한 방법으로 당신이 지니고 있는 시간과 에너지를 90% 투자하면 당신의 성공은 확실해집니다. 그리고 나머지 10%로 새로운 아이디어를 찾고 사업환경 개선과 적응력을 기르는데 투자하십시오.

훈련은 매일 하는 것이 좋으며 사업을 더 잘할 수 있는 방법과 아이디어를 자유롭게 제시할 수 있어야 합니다. 그리고 당신 자신도 훈련받을 마음 자세를 갖추어야 합니다. 더 높은 단계의 훈련을 받도록 하십시오.

리더는 쉽게 되는 것이 아닙니다. 그것은 많은 지지와 파트너십으로 시작하여 리더로서의 도움을 주면서 얻는 것입니다. 그러므로 리더가 되고자 하는 사람이 먼저 훈련받을 자세가 되어 있어야 합니다.

열정적으로 훈련에 임하십시오. 준비된 만큼 좋은 결과를 얻을 것입니다.

> ⬆ 네트웍 마케팅은 초보자가 경험자를 따라 하는 '카피 비즈니스'입니다. 사업계획은 누구라도 모방할 수 있도록 간단하게 정리하십시오.

# 에필로그

　당신이 원하는 모든 것에 대해 긍정적으로 생각하십시오. 행복을 기대하고 성공을 믿으십시오. 당신이 하는 일에 모든 열정을 쏟아 부으십시오. 그러한 열정을 다른 사람에게 전하고 성공적으로 잘할 수 있다는 것을 기내하십시오.

　네트웍 마케팅은 알고 있는 것만으로는 부족하며 실제 행동으로 보여주는 사업입니다. 그리고 성공을 위한 가장 빠른 방법 중의 하나는 이미 정상에 오른 사람의 발자취를 따라 가는 것입니다.

　성공은 당신에게 달려 있습니다.

　그것을 거머쥐려면 당신의 업 라인이 안내하는 성공의 계단으로 따라가야 합니다.

　준비하십시오.

최소한 '3개월 플랜'을 충실히 따르십시오.

하지만 여기서 중요한 것은 능력과 상황의 편차를 인정해야 한다는 점입니다. 당신은 성공할 수 있습니다. 단지 그 기간이 3개월이 되느냐 1년이 되느냐 아니면 5년 혹은 10년이 되느냐의 차이만 있을 뿐입니다.

네트웍 마케팅에서 실패란 없습니다. 다만 포기가 있을 뿐입니다. 포기하지 마십시오.

당신에게는 꿈이 있고 당신을 적극 도와주는 사람이 있으며 또한 우수한 제품과 훌륭한 회사가 있습니다. 당신은 이미 기회를 움켜쥔 것입니다.

앞으로 전진하십시오.

밝은 미래가 당신을 기다리고 있습니다.

독자 카 드 / 우 편 엽 서

보내는 사람 :

─────────────
─────────────

□□□ - □□

점선을 따라 오려주세요

받는 사람

경기도 하남시 감북동 125번지
도서출판 아름다운사회
전화(02)488-4638  팩스(02)488-4639
e-mail/bizbooks@naver.com  www.bizbooks.co.kr

4 6 5 - 1 8 0

수고스럽지만
우표를 붙여
보내주세요

No:

# 독 자 카 드

이 름 :　　　　　　　　　전 화 :

주 소 :

E-mail :　　　　　　　　　성 별 :　　　직 업 :

E-mail주소와 전화는 여러분들에게 동기부여와 유익한 정보제공의 목적으로 사용될 예정이오니 꼭 작성해 주시기 바랍니다.

구입하신 책 이름 :

책구입 지역과 장소 :

책구입 방법 :　　서점 □　　　　선물 □　　　　세미나 □　　　　기타 □

책내용 만족도 :　　매우 만족 □　　　　보통 □　　　　전혀 안됨 □

다른 사업가에게 책을 권하고 싶습니까?　　　　예 □　　　아니오 □

아름다운사회의 책을 몇 권 정도 읽어보셨습니까?

　1~3권 □　　　4~5권 □　　　6~8권 □　　　9~10권 이상 □　　　기타 □

기억에 남는 책의 제목이 있다면?

아름다운사회에 바라는 점이나 하고싶은 이야기를 적어주신다면?

우편으로 보내시는 것이 불편하신 분은 작성하신 내용을 bizbooks@naver.com으로 보내주셔도 됩니다. 많은 참여부탁드립니다.

작성해 주셔서 감사합니다. 항상 독자를 먼저 생각하는 아름다운사회가 되도록 노력하겠습니다. 늘 행복하세요.

점선을 따라 오려주세요

- 본 엽서를 보내주신 분들께는 아름다운사회 회원 자격이 주어집니다.
- 아름다운사회 회원이 되신 분께는 E-mail과 SMS문자 서비스를 통하여
  네트워크 마케팅과 관련한 유용한 정보 및 신간 안내를 해드립니다.
- 독립적 자영사업가의 동기부여를 위해 최선을 다하는 아름다운사회와 함께
  성공할 수 있는 확실한 기회를 놓치지 마십시오!